打工女性系列丛书 10

卢小飞　主编

打工城市

——华北、中部地区版

中国农业出版社

主　　编　卢小飞

副 主 编　吴洁玲

参与编写人员　周　俭　胡　杨

朱　谦　王培培

吴志勋　任正英

李　博　佟　一

以京、津、冀为核心区，以辽东半岛和山东半岛为两翼的环渤海经济圈大开发正在如火如荼开展，它将带动我国整个北方地区的经济发展，也即将建设成为继长三角和珠三角之后的又一经济繁荣区域。对打工者来说，它是一片新兴的打工热土。本书对我国环渤海地区的北京、天津、大连、青岛、沈阳等主要城市及中部地区的重庆、成都、武汉、郑州等城市的经济发展概况、城市特色、打工环境等作了详细介绍，期望能够为怀揣梦想前往这些城市找工就业的打工者，指点生活迷津，助一臂之力。

序言

环渤海：加速崛起，不可小视

环渤海地区是指环绕着渤海全部及黄海的部分沿岸地区所组成的广大区域。位于太平洋西岸的北部，是我国北部地区的黄金海岸。

渤海是个内海，被辽东半岛、山东半岛和华北大平原呈“C”字形所环抱。这里的海岸线约占全国的1/3，沿海岸线分布着40多个港湾及29个大、中、小港口城市，宛如一串宝石项链，镶嵌在祖国北部的版图上，璀璨夺目。

环渤海经济圈是指以辽东半岛、山东半岛、京津冀为主的环渤海滨海经济带，同时延伸辐射到山西、辽宁、山东及内蒙古中东部。环渤海地区地处东北、西北、华北的接合部，是我国北方经济最活跃的地区。环渤海地区整个大范围占据中国国土的12%和人口的20%，是继长江三角洲、珠江三角洲之后，又一个中国经济板块乃至东北亚地区中极具影响力的经济隆起地带，在对外开放的沿海发展战略中，占有重要地位。

与珠三角、长三角相比，环渤海经济圈的区域经济发展可谓是起了个大早，却赶了个晚集。

环渤海区域内经济合作自20世纪80年代中期就提出，但20年来走走停停。当长三角和珠三角后来居上，已逐步走向区域经济一体化时，环渤海还依然处于“概念”阶段。

打工者集聚在长三角和珠三角不是没有道理的，因为长三角和珠三角城市群密集，从这个城市到那个城市，只需要几个小时，距离短的几十分钟就够了。短而密集的间距，让长三角、珠三角区域内的人流、物流、资金流快速循环，区域间可互相不断补充新鲜血液。而环渤海地区广袤的范围，在一定程度上抑制了人、财、物的流动。北京虽然是人、财、物的荟萃之地，但其强大的区位凝聚优势反而影响了向周边省市的辐射。环渤海地区产业关联度小，产业链短，京津冀、辽东半岛、山东半岛又各自形成体系。这些都在一定程度上限制了环渤海地区城市间的协同发展。

过去，环渤海地区是资源丰富与贫乏并存，劳动力充足与缺乏并存，资本雄厚与稀缺并存，科学技术先进与落后并存，市场机制发育与计划经济滞后并存，在同一区域内少见地出现了如此巨大的落差。

环渤海经济圈的大发展并非没有优势——

环渤海地区工业基础雄厚，是我国最大的工业密集区，国家的重工业和化学工业基地，不仅有钢铁、原油、原盐等资源依托型产品优势，还有新兴的电子信息、生物制药、新材料等高新技术产业。环渤海地区是我国科研实力最强的地区，仅京津两大直辖市的科研院所、高等院校的科技人员就占全国的1/4。还有众多的文化企事业单位，云集了各类最优秀的人才。科技人才优势与资源优势对国际资本产生了强大的吸引力，全球500强企业的分支机构和研发机构有绝大部分落地北京、天津。

环渤海地区自然资源非常丰富，拥有丰富的海洋资源、矿产资源、油气资源、煤炭资源和旅游资源，也是中国重要的农业基地，耕地面积达2 656.5万公顷，占全国耕地总面积的1/4之多，粮食产量占全国的23%以上。

环渤海地区与全国其他经济区相比，地理区位十分优越。环渤海地区处于东北亚经济圈的中心地带，向南，它联系着长江三角洲、珠江三角洲、港澳台地区，以及东南亚各国；向东，它沟通韩国和日本；向北，它连接着蒙古和俄罗斯远东地区。这种独特的地缘优势，为环渤海区域经济的发展、开展国内外多领域的经济合作，提供了有利的环境和条件，成为海内外客商新的投资热点地区。

环渤海地区形成了一个实力较强的骨干城市群。环渤海地区有北京、天津这样的重量级城市，也有青岛、大连这样的在改革开放中独树一帜、走在前列的城市。以京津两个直辖市为中心，大连、青岛、烟台、秦皇岛等沿海开放城市为扇面，以沈阳、太原、石家庄、济南、呼和浩特等省会（首府）城市为区域支点，构成了中国北方最重要的集政治、经济、文化、国际交往和外向型、多功能的密集的城市群落。在全国和区域经济中发挥着集聚、辐射、服务和带动作用，有力地促进了本地区特色经济区域的发展。在国际经济中心不断向亚太地区转移的大趋势下，环渤海地区蕴藏着巨大的发展潜力。

近几年来，党中央、国务院作出的以北京和天津为两翼带动环渤海开发的重要战略部署，吹响了环渤海经济圈大开发的号角。2006年，又批准天津滨海新区为全国综合配套改革试验区，以此加快推进京津冀和环渤海区域经济的发展。这是继浦东新区后我国第二个享有该政策的开发区，使天津有可能成为引领中国第三波经济发展的“火车头”。这一系列政策掀起了环渤海经济圈的开发热，加速了环渤海经济圈的崛起，使环渤海经济圈正在成为继珠三角和长三角经济圈后，中国第三个经济增长的动力地区。

环渤海经济开发热，应该归于该区域的港口建设。在环渤海经济圈中，目前拥有12个主要的港口，包括威海港、烟台港、青岛港、东营港、黄骅港、天津港、曹妃甸港、京唐港、秦皇岛港、营口港、大连港及丹东港。这12个港城，共同构成了我国北方国际航运中心。其中天津港是我国北方第一大港，并跻身于世界港口20强。曹妃甸港是新崛起的深水港口，甸前是渤海的最深点，有天然海沟直通渤海海峡，被称为“钻石级港址”。曹妃甸港的开发建设正在逐渐显示出其非凡的发展潜力，将为推动华北区域经济的发展、优化京津冀地区的产业结构提供有力的支撑，成为环渤海经济圈“经济隆起带”的一个制高点。

居于环渤海核心区的北京、天津，目前已经实现了港口岸直通，首都国际机场和天津滨海国际机场也率先实现了民航的跨区域整合。2008年

8月京津城际快速列车投入运营，2009年这趟列车全程运行时间将达到29分钟，2010年该快速轨道还将与两城市的地铁对接，到时居住在天津，在北京上班将成为现实。此外，北起山海关、南至山东烟台的环渤海经济圈铁路大动脉目前也有2/3完工，该经济带城市间的互联互通已指日可待。

在党和国家环渤海大开发政策的积极推动下，环渤海经济圈的开发建设正如火如荼地开展，环渤海地区的优势也正在逐步显现，一个以京津冀为核心区、以辽东半岛和山东半岛为两翼的环渤海区域经济共同发展的新格局正在形成。环渤海地区也因此正在成为打工者一块新的风水宝地。

【环渤海区域经济介绍】

环渤海：三大地区，各领风骚

环渤海地区是指环绕着渤海全部及黄海的部分沿岸地区所组成的广大经济区域，包括北京、天津及辽宁、河北、山西、山东和内蒙古中部地区，共5省(自治区)2市。全区陆域面积达112万平方公里，总人口2.6亿人。环渤海地区共有城市157个，约占全国城市的1/4，其中城区人口超百万的城市有13个。

环渤海经济圈主要分为三大地区，以天津为出海口的京津冀地区，以大连为主要出海口的辽东半岛地区（即东北经济区）和以青岛为主要出海口的山东半岛地区。

京津冀地区错位竞争

京津冀地区包括北京、天津和河北省的石家庄、廊坊、保定、唐山、秦皇岛、张家口、承德、沧州。京津冀地区的一体化发展启动较晚，经济联系较为松散。京津冀地区是中国北方现代化程度较高的城市群和工业密集区，具有资金、人才、信息、文化等多方位优势，是中国重化工业、装备制造业和高新技术产业基地。不足之处是存在传统产业比重较大、城乡二元结构突出、市场分割、资源环境压力大等问题。但是，北京作为中国的政治、文化、国际交流中心，赋予京津冀地区独特的优势。北京、天津作为两个核心城市，拥有中国最强的科技创新能力，发展现代服务业的潜力也十分巨大。

京津冀都市圈主导产业特色明显，许多产业在全国具有引领作用。以电子信息和生物制药等为核心的高新技术产业和以金融保险、商务与信息服务、会展等为核心的生产服务业在全国具有举足轻重的地位，以汽车、制药行业等为主的现代制造业地位不断上升，钢铁、石油化工等基础原材料产业对我国国民经济发展的支撑作用显著。

京津冀产业分工

北京的工业发展倾向于以高新技术为主导，尤其是通信设备、计算机及其他电子设备制造业和交通运输设备制造业发展优势明显。

天津工业体系完备，工业在经济发展中具有举足轻重的地位，工业发展特点是以通信设备、计算机及其他电子设备制造业等高新技术型工业和石油、化工、冶金等重化工业并重。

河北八市的工业行业发展最突出的是黑色金属矿采选业、石油和天然气开采业、煤炭开采和洗选业等能源原材料开采业，以及黑色金属冶炼和压延加工业等重化工业和农副食品加工业、饮料制造业等农产品加工工业。

京津冀产业结构和布局

北京重点发展领域是：以微电子、计算机、通信、汽车制造、光机电一体化、新材料、生物工程等为主的高新技术产业和现代制造业，以科研、文化、教育为主的创意文化产业，以及以金融、保险、商贸、物流、会展、旅游等为代表的现代服务业。

天津是在现有加工制造业优势与港口优势基础上，定位为：大力发展电子信息、汽车、生物技术与现代医药、装备制造、新能源及环保设备等先进制造业，发展现代物流、现代商贸、金融保险、中介服务等现代服务业，适当发展大运量的临港重化工业。

河北八市定位是：原材料重化工基地、现代化农业基地和重要的旅游休闲度假区域，京津高技术产业和先进制造业研发转化及加工配套基地。

京津冀“双引擎”——滨海新区和唐山曹妃甸

在中国，甚至在世界上，如今谁都不会忽视环渤海地区这两颗冉冉升起的耀眼明珠——天津滨海新区和唐山曹妃甸。

天津滨海新区就像一只大鹏，两翼展开，扑

向大海。天津滨海新区已被列为全国综合配套改革试验区，成为环渤海地区和北方的经济中心，已被列为国家发展战略规划。2006年，滨海新区完成GDP为1 960亿元，实现财政收入380亿元。

曹妃甸位于塘沽新港及秦皇岛港之间，地处河北省唐山市滦南县南堡地区，西北方向距北京约225公里，距唐山85公里，距天津120公里，距秦皇岛170公里，甸头向前延伸500米，水深即达25米，甸前深槽水深36米，是渤海最深点，天然海沟直通渤海海峡，被誉为“钻石级港址”。到2010年，曹妃甸国内生产总值达到560亿元以上，财政收入达到70亿元以上，港城建成区面积达到90平方公里。

沈阳领跑东北板块

东北经济区包括黑龙江、吉林、辽宁和内蒙古东部盟市，地处东北亚开放地带，石油化工、矿冶机电设备、交通运输设备制造在全国居突出地位。土地面积为78.79万平方公里，人口为10 743万人。

东北经济区是中国传统的老工业基地，范围包括辽宁、吉林和黑龙江，是最先实现了工业化的地区。在计划经济时代，东北经济区在中国经济中占有重要地位，是计划经济时期中国工业经济的大本营。其主要特色就是以国有经济为主，通过政府对资源进行配置。中国进入市场经济以后，老工业基地继续工业化的问题没有解决好，一部分资源型城市面临转型，产业结构单一，所有制经济结构单一，民营经济的发展先天不足，东北经济区的发展渐渐落在其他发达地区的后面。国家实施振兴东北老工业基地政策以来，GDP总量、固定资产投资、利用外资等均有大幅提高，众多大型国有企业顺利完成股份制改造，这预示着，东北经济区有望继珠三角、长三角、京津唐地区之后，成为中国经济依靠重化工业崛起的第四个增长极。从这个意义上讲，振兴东北攻略的成功是中国经济实现可持续增长的关键一环。

产业集群彰显魅力

处在高速发展时期的沈阳，产业集群之花含苞待放。这些产业集群建设使沈阳工业实现质的飞跃，使沈阳经济站在了东北的最前沿。

● 沈阳发展产业集群有着得天独厚的条件。进入“开放年”，沈阳装备制造业不断创造新记录；“环境年”、“项目年”、“工业年”、“开放年”建设形成了一种创业氛围；海内外向沈阳产业转移之势已形成；东北老工业基地振兴吸引着世界目光。

● 法库陶瓷产业集群：法库位于沈阳北部，为辽宁省沈阳市辖县，全县区域面积2 320平方公里，辖8个镇11个乡2个开发区，人口45万。南距沈阳桃仙国际机场110公里、距大连港360公里，101、203国道穿境而过，并有专用铁路线和货场。

法库有着丰富的矿产资源，瓷土、膨润土、硅石、硅灰石、方解石、沸石等30余个品种的非金属矿产，储量之大、品位之高、种类之全，位居世界前列。法库也因此赢得了“国家一类矿产资源大县”、“全国瓷土基地县”的盛誉。

到2007年10月，法库县已有125户陶瓷企业落户、287条陶瓷生产线竣工或在建，形成了总投资达83亿元的陶瓷产业集群。

● **铁西新区汽车零部件产业集群**：铁西新区位于沈阳市中心的西南部，由铁西区、沈阳经济技术开发区、沈阳细河经济区组成，享有市级经济管理权限。辖区面积484平方公里，人口总数114万。

新区内现有工业企业3 500多户，其中规模以上企业650户。铁西新区已形成汽车零部件产业集群，已建成项目有金杯山花、李尔座椅等40个，正在建项目有名华模塑、E2发动机、韩国统一重工车桥、上汽金杯变速器、玄潭汽车零部件等10个，正在洽谈和推进项目有浙江汽车零部件产业园、韩国统一重工变速箱、金杯申华等。

● **农业高新区食品产业集群**：沈阳农业高新技术开发区成立于2002年，是省级开发区，国家级农产品深加工示范基地，享有市级经济管理权和区县级行政管理权，实行封闭式管理，开放式经营。开发区规划总面积56平方公里，现有人口5万人。

● **开发区具有较强的科技优势**。区内有八大科研院所，六大中心，各类科技人员3 200人，已经形成了比较健全的农业基础研究、应用技术研究和高新技术成果开发及其产业化的科技体系，每年开展的重点科研课题300余项。近年来，共取得重大科研成果913项，其中国家级40项、省部级349项。

东陵鞋业产业集群：沈阳鞋业产业集群位于东陵区东陵街道办事处境内，在绕城公路以东，沈抚高速公路以南，沈抚铁路以北，地理位置优越，外贸出口方便快捷。背靠东北最大的鞋类批发市场中国鞋城，产成品的销售运距短，效益高，有良好的市场发展前景。鞋业产业集群已累计投资 9 亿元，建成标准厂房 29 万平方米，现有规模企业 200 多家，其中包括乔丹、贵人鸟、特步等知名企业，2006 年完成产值 45 亿元。鞋业园生产的各类鞋，不仅占中国鞋城 50%以上的供货量，还远销美国、东欧等 10 多个国家和地区。以鞋业园为核心，通过对周边制鞋户进行资源整合，产业集群安置 4 万余名农民和下岗职工就业。

康平县塑编及纺织产业集群：康平位于辽宁省北部，距沈阳市 120 公里，总面积 2 173 平方公里。2007 年，沈阳市康平县康平经济开发区产业集群建设发展迅猛，开发区完成工业产值 55.2 亿元，占该县工业总产值的 80%以上，利润达 4.8 亿元。目前，康平落户塑编及配套项目 145 个，已有 70 家企业投产，同时解决了大批农民的转移就业安置难题，年实现产值 17 亿元。据匡算，项目全部投产后，可上马塑编生产线 383 条、圆织机 9 570 台，可以解决 1.2 万名农村剩余劳动力的就业岗位。可以说，产业集群的集聚效应在促进农民增收、增加县级财政收入方面已开始显现威力。

崛起中的山东半岛城市群

山东半岛城市群是由济南、青岛、烟台、淄博、威海、潍坊、东营、日照等 8 个设区城市构成的城市地域空间组合。该地区土地面积近7.4万平方公里，人口4 244万。2006年底，山东半岛城市群GDP总量14 484.52万元，占全省2/3，超过了辽东半岛城市群所在的辽宁全省GDP总量，也超过了京津唐三市之和以及沪宁两市之和，庞大的经济总量和发展潜力令人侧目。

山东半岛位于我国东部沿海，是指胶莱河以东的胶东半岛，西北临渤海，东北和南部临黄海，半岛的西部内陆与华北大平原连接，面积3.4万平方公里，是我国最大的半岛。

山东半岛城市群是我国东部沿海重要的城市群之一，处在我国北方海岸线的中偏南段，北与辽东半岛形成环抱渤海之势，突出在黄海之中，是中国北方延伸向太平洋的前缘，是中国最接近日、韩两个亚洲发达国家的地区，有3 100多公里的海岸线，有11个开放港口，具有得天独厚的对外开放条件。进入20世纪90年代以来，山东半岛的经济技术联系有了很大进展，铁路、公路、海运、河运、航空等各种运输设施形成了良好的基础，以青岛—济南为轴线的胶济铁路沿线分布着众多的城市，产业和人口集聚，基本形成了区域城市群所必需的发展条件和地理区位优势。

六大战略支持，实现山东半岛城市群发展的目标：

(1) **携手韩日是主线**。珠三角的崛起有赖于以港澳地区为方向，以深圳为门户的对外开放；长三角的崛起离不开以上海为中心的对外开放。山东半岛也不例外，由于与韩日有着得天独厚的地缘优势，实施以韩日为主要方向的经济国际化战略，构筑半岛城市群面向韩日的“跨国城市走廊”。

(2) **向城镇集聚人口**。山东将从三个层面入手，实施开放型城镇化策略，引导人口向城镇迁移。一是促进本地区内部城镇人口比重的不断提高；二是引导省内跨区流动的人口迁入；三是强化半岛地区往外的辐射影响，促进半岛地区在全国区域发展中地位的提高。

(3) **以青岛作龙头**。青岛所处的地理位置和城市功能，决定了其适合担当半岛地区的龙头城市，这是市场经济条件下外向型经济占主导地位的经济体系演化的必然结果。把青岛培育成半岛城市群的龙头，成为一个国际性大都市。

(4) **八大城市抱团**。区域经济协同战略的本质是通过产业协同和空间协同来整合区域发展的资源要素，发挥“整体大于部分之和”的效应。构建以“四六三”为主体的区域空间结构，即拟建四条主要轴线、六个城市经济区和三个等级中心城市为主体的未来区域经济的空间格局，来促进山东区域空间结构的优化和区域协同发展。

(5) **区域城市不“瘸腿”**。山东半岛地区发展走廊上的中心城市数量偏少，城市链条中存在明显的“塌陷”环节，对未来都市连绵区的形成是个重要问题。以中间区位城市加以重点发展，形成以超大城市、特大城市、大城市、中等城市、小城市协调发展的城市体系。

(6) **良性发展是重点**。以生态建设和环境保护为目标的可持续发展战略。根据山东半岛城市群生态环境敏感区综合评价体系，并结合资源环境和可持续发展压力分析结果，得出“两线、两湾、两区”共六个生态敏感区域。

打造现代制造业基地

城市的建设离不开经济的发展。“迎接国际产业转移，加强区域经济合作，打造制造业强省”，是山东今后寻求经济强势的关键所在，也是山东半岛城市群发展的关键所在。而面对国际产业转移的大趋势，山东也将成为北方最具活力的制造业基地。

以青岛、烟台、威海为核心的胶东半岛是山东半岛制造业基地的领头雁，同时也是承接日韩产业转移的主要载体。据统计，截至2003年底，山东累计吸收日韩投资1 22.8亿美元，在已投资的近万家韩资企业和近3 000家日资企业当中，中小企业投资比重超过80%。其中，青岛、烟台、威海三市进出口贸易额占全省总量的62.2%，实际利用外资占全省的68.3%，制造业增加值占全省的40.4%。尤其三市与日韩经贸合作好，产业互补性强，具有建立面向日韩的制造业基地很好的优势，目前已经吸引了日本松下、三菱，韩国三星、现代等一大批跨国公司相继落户。

根据日韩产业转移的特点，以及山东半岛各个城市发展的特点，山东半岛现代制造业基地将重点发展交通运输设备和机械、电子信息及家电、纺织服装、化工和医药、食品五大优势产业群。

六大产业集聚带

山东半岛将重点发展六大产业集聚带：东营、

淄博石化和医药产业带，济南电子信息产业带，青岛、日照家电制造产业带，烟台、威海汽车制造产业带，潍坊纺织服装产业带和日照、青岛、威海、烟台海洋产业带。

（资料来源：百度网，百科网，北京市经济信息中心，唐山市人民政府新闻办，《辽宁日报》，《时代商报》，中国沈阳网，《中学地理教学参考》）

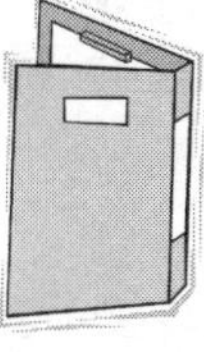

目 录

打工城市——北京

【城市印象】

平民的北京

来到北京你会发现，北京的的哥的姐是所有城市出租司机中最关心政治、最喜欢谈论国家大事的一族。他们“大事小事国家事事事关心”，或牢骚、或调侃、或柴米油盐、或忧国忧民，津津乐道，那是绝对的侃家儿。他们在言语之间透着的热情、爽直、自得和平民责任，由不得你不被感染，不被感动，不生出些许感叹。

通常，一个中小城市，花上半天时间，就能走马观花浏览一遍，并窥其一斑。但是，在北京却是不能。这个城市就像海，就像一个大大的海，宽阔而包容、深厚而凝重，泱泱大气包罗万象。它绝不是一两个小时、一两天乃至一两年能够穷尽风光、触及脉搏的。

北京是宽阔的，这种宽阔源自俯瞰中原的地理位置，南北贯通的环路街道，富丽堂皇的宫殿庭院；北京是包容的，这个城市一直以对天下人才的容留，对不同民族的接纳，验证着“海纳百川，有容乃大”的品质；北京是深厚而凝重的，3 400 多年的建城史，850 多年的建都史，千年积淀造就出的泱泱大气，让多少城市黯然失色！

北京韵味十足。它的韵味在四合院围合的四平八稳里，在千余个胡同的古朴与安然里，在皇城根下灰色城砖的厚重里，在荣宝斋、亨得利、

同仁堂、全聚德、内联升、步瀛斋等一个个百年老店里，在豆浆油条糖葫芦、蒲扇茶壶小板凳的市井风情里，在京腔京韵的味道里……

什么人来到北京，都得放下架子，哪怕你有再大的牌。你只有放下了你那精英的架子和斯文，放下了指手画脚、挑三拣四的毛病，北京市民才会认同你。

城市概况

北京是我国的首都，党中央和国家政府所在地，是全国的政治、文化中心。现有常住人口1 538 万(居住半年以上)，有户籍人口 1 180 万，有登记手续的流动人口达 364.9 万人。全市土地面积 16 807.8 平方公里，分为 16 个区和 2 个县:东

城区、西城区、宣武区、崇文区、海淀区、朝阳区、丰台区、门头沟区、石景山区、通州区、顺义区、昌平区、大兴区、怀柔区、平谷区、房山区、延庆县、密云县。其中海淀、朝阳、丰台、通州、昌平打工者较为聚集。

地理

北京雄踞华北大平原北端，西部是太行山余脉的西山，北部是燕山山脉的军都山，东南是缓缓向渤海倾斜的大平原。境内贯穿潮白河、北运河、永定河等五大河。

气候

北京的气候为典型的暖温带半湿润大陆性季风气候，四季分明，春秋短促，冬夏较长。7月最热，平均气温25.2℃，最高气温42℃；冬季最冷的1月份平均气温为-3.7℃，毛衣、棉大衣是必备的。

旅游

北京是一座历史名城，有200多处文物古

迹。其中古长城、颐和园、圆明园被列为世界文化遗产。北京动物园是中国珍禽异兽种类最多的动物园。

交通

航空　北京首都国际机场位于市区东北的顺义区，距市区大约30公里，首都机场新候机楼已经启用。机场班车可分别到达西单民航大厦、美术馆、北京站口、公主坟等地。

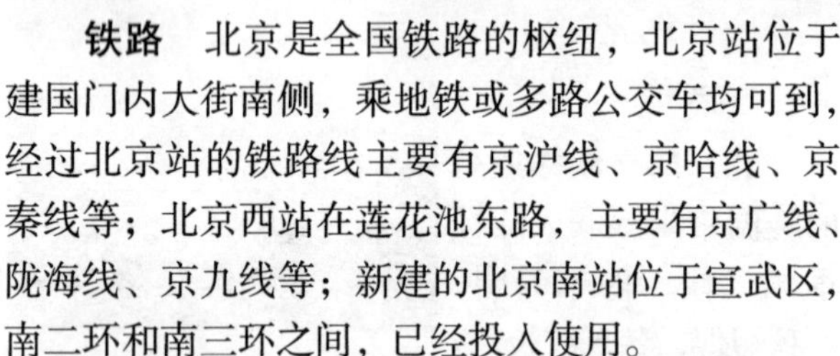

铁路　北京是全国铁路的枢纽，北京站位于建国门内大街南侧，乘地铁或多路公交车均可到，经过北京站的铁路线主要有京沪线、京哈线、京秦线等；北京西站在莲花池东路，主要有京广线、陇海线、京九线等；新建的北京南站位于宣武区，南二环和南三环之间，已经投入使用。

公路 以北京为中心向四面呈辐射状的国道共有12条，分别可到沈阳、天津、哈尔滨、广州、珠海、南京、福州、昆明等地。北京有6条高速公路：八达岭高速路、首都机场高速路、京沈高速路、京津塘高速路、京石高速路、京张高速路。北京市共有12个长途汽车站。

内部交通 北京道路是“环路包围城市”的格局，二环、三环、四环、五环、六环5条环路，和东西向的长安街、平安大街、两广路3条主干道，以及南北向的中轴路构成了纵横交错的主要道路交通网络。此外，已运行的地铁有1号线、2号线与城铁八通线、13号线，5号线、10号线、机场线、奥运支线等使北京的城市交通更加便利、四通八达。

地铁 北京现有地铁1号线、2号线、5号线、10号线一期、奥运支线、机场线、13号线、八通线。通往亦庄、良乡、昌平、顺义的轨道交通已经部分开工。北京地铁实行单一票价：2元。首班车时间一般是早上5时，末班车约在晚上23时左右。

公交车 北京的公交是全国最便宜的。一张公交卡，就可以坐遍北京的所有公交车，而且能享受四折优惠。

1~199线路：全部执行单一票制1元，普通卡0.4元/次，学生卡0.2元/次。

200~299线路：此为夜班车，无人售票，单一票制1元，普通卡0.4元/次，学生卡0.2元/次。

300~499线路：买票分段计价，12公里内买

北京地铁运营线路图
Beijing Subway Map
场馆搜
cgso.cn
北
North
图例：
Legned
1号线
Line 1
2号线
Line 2
5号线
Line 5
8号线（奥运支线）
Line 8 (Olympic Line)
10号线
Line 10
13号线
Line 13
八通线
BATONG Line
机场线
Airport Express
换乘站
Transfer Station
天通苑北
TIANTONGYUAN Noth
天通苑
TIANTONGYUAN
天通苑南
TIANTONGYUAN South
立水桥
LISHUIQIAO
立水桥南
LISHUIQIAO South
北苑路北
BEIYUANLU Noth
大屯路东
DATUNLU East
惠新西街北口
HUIXINXIJIE BEIKOU
惠新西街南口
HUIXINXIJIE NANKOU
和平西桥
HEPINGXIQIAO
和平里北街
HEPINGLIBEIJIE
雍和宫
YONGHEGONG
北新桥
BEIXINQIAO
张自忠路
ZHANGZIZHONGLU
东四
DONGSI
灯市口
DENGSHIKOU
东单
DONGDAN
崇文门
CHONGWENMEN
磁器口
CIQIKOU
天坛东门
TIANTANDONGMEN
蒲黄榆
PUHUANGYU
刘家窑
LIUJIAYAO
宋家庄
SONGJIAZHUANG
回龙观
HUILONGGUAN
霍营
HUOYING
北苑
BEIYUAN
西二旗
XI ERQI
龙泽
LONGZE
上地
SHANGDI
五道口
WUDAOKOU
望京西
WANGJINGXI
奥林匹克公园
Forest Park
奥林匹克公园
Olympic Park
奥林匹克中心
Olympic Center
巴沟
BAGOU
苏州街
SUZHOUJIE
知春里
ZHICHUNLI
知春路
ZHICHUNLU
海淀黄庄
HAIDIANHUANGZHUANG
西土城
XITUCHENG
健德门
JIANDEMEN
牡丹园
MUDANYUAN
北土城
BEITUCHENG
安贞门
ANZHENMEN
芍药居
SHAOYAOJU
太阳宫
TAIYANGGONG
光熙门
柳芳
大钟寺
DAZHONGSI
三元桥
SANYUANQIAO
2号航站楼
Terminal 2
3号航站楼
Terminal 3
积水潭
JISHUITAN
安定门
ANDINGMEN
鼓楼大街
GULOUDAJIE
西直门
XIZHIMEN
东直门
DONGZHIMEN
车公庄
CHEGONGZHUANG
阜成门
FUCHENGMEN
东西十条
DONGSISHITIAO
朝阳门
CHAOYANGMEN
建国门
JIANGUOMEN
亮马桥
LIANGMAQIAO
农业展览馆
Agricultural Exhibition Center
团结湖
TUANJIEHU
呼家楼
HUJIALOU
金台夕照
JINTAIXIZHAO
国贸
GUOMAO
双井
SHUANGJING
劲松
JINSONG
苹果园
PINGGUOYUAN
古城
GUCHENG
八角游乐园
BAJIAO Amusement Park
八宝山
BABAOSHAN
玉泉路
YUQUANLU
五棵松
WUKESONG
万寿路
WANSHOULU
公主坟
GONGZHUFEN
军事博物馆
Military Museum
木樨地
MUXIDI
南礼士路
NANLISHILU
复兴门
FUXINGMEN
西单
XIDAN
王府井
WANGFUJING
天安门西
TIAN'ANMEN West
天安门东
TIAN'ANMEN East
长椿街
CHANGCHUNJIE
宣武门
XUANWUMEN
和平门
HEPINGMEN
前门
QIANMEN
北京站
BEIJING Railway Station
永安里
YONGANLI
大望路
DAWANGLU
四惠
SIHUI
四惠东
SIHUI East
高碑店
GAOBEIDIAN
传媒大学
Communication University of China
双桥
SHUANGQIAO
管庄
GUANZHUANG
八里桥
BALIQIAO
通州北苑
TONGZHOU BEIYUAN
果园
GUOYUAN
九棵树
JIUKESHU
梨园
LIYUAN
临河里
LINHELI
土桥
TUQIAO
北京公交热线：96166　北京出租车热线：96103
北京地铁热线：68345678
场馆搜 cgso.cn　高尔夫球场 练习场
网球场 健身房 滑雪场等场馆 专业搜索

票1元，每增加5公里增加0.5元，刷卡普通卡四折，学生卡二折。

500~599线路：全部为单一票制1元，普通卡0.4元/次，学生卡0.2元/次。

600~699线路：20公里以下线路为单一票制1元，普通卡0.4元/次，学生卡0.2元/次。其他线路分段计价，12公里内买票1元，每增加5公里增加0.5元，刷卡普通卡四折，学生卡二折。

700~799线路：部分短途线路单一票制1元，普通卡0.4元/次，学生卡0.2元/次。其他线路分段计价，12公里内买票1元，每增加5公里增加0.5元，刷卡普通卡四折，学生卡二折。

800~899线路：全部分段计价，12公里内买票1元，每增加5公里增加0.5元，刷卡普通卡四折，学生卡二折。

9字头线路：普通车10公里内买票1元，每增加10公里增加1元，刷卡普通卡四折，学生卡二折。空调车10公里内买票2元，每增加5公里增加1元，刷卡普通卡四折，学生卡二折。

自2007年2月1日起，北京发行三种计次限时票卡：3日票票价10元，限3日内使用18次；7日票票价20元，限7日内使用42次；15日票票价40元，限15日内使用90次。

出租车 北京出租车起步价为10元，起步里程3公里，之后每公里2元，夜间23时后起步价11元，里程15公里以内每公里加收20%；里程超15公里，超出部分每公里加收50%。累计每等候5分钟按1公里计费；低速行驶时（低于12公里/小时）除照常收取里程费外，还要累计每5分钟收取相当于1公里租金的低速行驶费。

小贴士——

京津一卡通

2008年8月7日，天津城市一卡通有限公司与北京市政交通一卡通有限公司联合推出了特种纪念卡“京津一卡通”卡。此卡把天津城市一卡通卡和北京市政交通一卡通卡的功能整合到一张卡上，即一卡两地双电子钱包，实现了京津两城市一卡通的“互联互通”功能，满足了两地市民实现持一张一卡通卡就能在京津两地“一卡通用、一卡多用”的愿望。

持该卡的用户除可以在北京市政交通一卡通已开通的领域消费外，还可以在天津城市一卡通已开通的领域消费，同时享受两地的普通卡同等优惠。用户持此卡在北京乘坐城市公交享受四折、地铁全网2元（除机场线）等诸多优惠政策；在天津乘坐城市公交享受九五折、地铁九折、轻轨九五折等优惠政策。

京津城际铁路

京津城际铁路是连接北京与天津的全国第一条城际间高速铁路，列车时速达到350公里，京津两地30分钟直达。

京津城际铁路于2008年8月1日正式开通运营，地铁2、3号线和津滨轻轨将在这里交汇，实现了北京、天津、滨海新区、滨海国际机场连通，市民不出站就可实现换乘，充分享受安全、便捷、通畅、环保的交通方式。天津站是集普通铁路、高速铁路、城际铁路、城市地铁、城市轻轨、城市客运于一体的交通枢纽，成为天津经济发展的新引擎。

京津城际铁路全长120公里，大量开行时速300公里的CRH2型动车组和时速350公里的CRH3型动车组，列车最小行车间隔3分钟。沿途设北京南、亦庄、永乐、武清、天津5座车站，其中永乐站为预留车站。

京津城际铁路是我国第一条具有自主知识产权、国际一流水平的高速城际铁路，也是首条全线贯通、设计时速超过300公里的城际铁路。

京津城际铁路开行的动车组列车有以下主要特点：

（1）**速度快**。列车运营最高时速350公里，每秒近100米。

（2）**动力强**。列车牵引总功率8 800千瓦，是世界上牵引动力最大的高速列车。

（3）**能耗低**。动车组列车采用流线形车体和轻量化技术，在降低能耗方面效果明显。高速列车每小时人均消耗15千瓦，北京到天津人均耗电仅为7.5度（千瓦时），是陆路运输方式中能耗最低的。

（4）**零排放**。由于采用绿色能源的电力牵引，动车组列车没有任何废气排放。

（5）**低噪声**。通过高速列车外形系统优化设计，有效降低了高速运行时的气动噪声；高速列车运行时速达到350公里时，车内外噪声均达到国际标准。

(6) **宽车体**。京津城际铁路运行的动车组列车，车体断面是目前世界上最宽的，比欧洲同类型车宽 400 毫米，最大限度地增大了旅客使用空间。

(7) **车内设备人性化**。动车组列车设有完备的服务设施和残疾人专用服务设施；座椅可旋转，座椅间距宽于飞机和大客车；采用先进的列车气密性技术，高速运行时旅客不会产生耳鸣；车内的温度、湿度、空气流速和新鲜空气含量等均可自动调节，车内空气质量良好，含尘量不超过每立方米 0.5 毫克，远低于相关标准。

(8) **高安全性**。京津城际铁路运行的动车组列车，其设备的安全冗余在 30%以上，设备发生故障自动导向安全；一旦发生火灾时，车内防火系统自动启动。

(9) **全天候运行**。京津城际铁路运行的动车组列车采用全自动电子控制驾驶系统，在风、雪、雨、雾、雷等恶劣气候条件下，可以安全运行。

(10) **运行自动控制**。京津城际铁路动车组列车运行由中央集中控制系统发布列车运行信息，车载雷达实时接收运行数据和指令，传递给车载计算机，自动调整各列车间的追踪间隔，防止列车超速和冒进信号。

京津城际铁路，最低票价 58 元。

小贴式——

北京问路请拨——1605106，16885106

在北京，当你要去不熟悉的地方时，只需要打个电话或发个短信给 1605106，16885106，就能被告知去那个地方的具体乘车或行走的路线。这是北京的向导问路热线服务系统提供的服务。在2006年内全国还将有15个城市实现这种联网服务。

问路热线只收取市话费，发短信按正常短信资费标准收取费用。

打工资讯

打工经济

北京有全国一流的高校、科研院所和众多的文化企事业单位，云集了各类优秀人才。依托首都的优势，借助雄厚的研发能力和丰富的人才资源，北京市提出了立足北京、服务全国、面向世界的“首都经济”概念，重点发展高新技术产业、文化创意产业和旅游业，开发“总部经济”，提升社会服务业水平。目前，北京已拥有中关村、亦庄等28个高新技术产业园区和经济技术开发区，在已经形成的潘家园古玩交易区、琉璃厂文化产业园区等10个主要文化创意产业聚集区的基础上，北京又正在规划建设8个文化创意产业聚集区，其中三辰卡通动漫网游产业基地将成为全国乃至亚洲最大的动漫网游研发制作中心。随着中心商务区(CBD)、金融街等一批金融商业中心区的日渐成熟，北京的“总部经济”发展能力已居全国之首，世界500强企业中已有300余家进驻北京。

北京经济和城市建设的快速发展，带来对各

种人才的需求，每年都有一批又一批的人来到这里挑战自我、提升自我，他们中有很多逐步过渡成了新的“北京人”。而且，北京对外来务工人员的政策环境宽松，管理相对规范。所以，应该是个打工的好地方。

用工分析

商业服务业用工紧缺，建筑工人需求下降 从据北京市劳动和社会保障局发布的北京地区最新的用工需求信息来看，商业服务业用工缺口最大，而建筑业的用工需求将有较大幅度下降。

北京市劳动和社会保障局共收集到 1 600 多家招聘单位的空岗信息近 28 000 个，其中商业服务业用工缺口最大，大约占到整个劳动力市场需求的一半左右。需求人员较多的职业是：营业人员、环境卫生人员、治安保卫人员、裁剪缝纫人员和餐厅服务员。

由于北京奥运相关工程相继竣工，2008 年，一些建筑企业的用工需求逐步下降。

第三产业人才需求最大 2008 年第二季度北京市劳动力市场供求信息显示，北京奥运会的举办拉动了相关产业的用工需求，本季度，最大的受益者第三产业需求人数占需求总人数的 82.22%。其中，居民服务和其他服务业、批发和零售业需求量最大，分别占需求总量的 35.27%和 15.96%。

求职途径

北京市区较大，加上交通拥挤，路上花费一两个小时在北京是很平常的。如果与用人单位约好了具体见面时间，最好根据路程提前出门。

在北京四处找工作，一张北京市交通图、一张交通一卡通和一个本地手机卡是必不可少的。没事的时候先看看北京市交通图，熟悉一下北京主要地方的大致方位，以免走错了方向；有张一卡通减少了乘车时的麻烦，还能节省不少车费；手机是你与用人单位联系的重要方式。

报纸媒体　《北京人才市场》、《前程无忧》、《招工招聘》报，每周五、六出版。如有合适岗位，可以通过电子邮件投简历或直接打电话询问，效果会比去招聘会好。

人才市场　国际展览馆、农展馆、军事博物馆有大型人才招聘会，具体时间可从《北京晚报》、《北京人才市场》报获得。另外，每个区每周都会有小型的人才招聘会。

劳动就业服务热线（010）

机　构	电　话
京市劳动保障咨询电话	12333
北京市职业介绍服务中心	63184488
东城区职业介绍服务中心	84038682
西城区职业介绍服务中心	68068166
崇文区职业介绍服务中心	67158013
宣武区职业介绍服务中心	63036827
朝阳区职业介绍服务中心	64628241

（续）

机　　构	电　话
海淀区职业介绍服务中心	82071188—1301
丰台区职业介绍服务中心	63838465
石景山区职业介绍服务中心	68879893
门头沟区职业介绍服务中心	69843854
房山区职业介绍服务中心	89367011
通州区职业介绍服务中心	69537944
昌平区职业介绍服务中心	69741507
大兴区职业介绍服务中心	69202461
顺义区职业介绍服务中心	89441334
怀柔区职业介绍服务中心	89683692
平谷区职业介绍服务中心	69961692
延庆县职业介绍服务中心	69143278
密云县职业介绍服务中心	69041082
经济技术开发区职业介绍服务中心	67880169

常用服务机构热线（010）

机　　构	电　话
市长热线	12345
劳动监察	63044923
农民工法律帮助热线	63813362 63859982
法律咨询热线	16803838 （24 小时服务）
全国妇联/北京市妇联反家暴热线	16838198

（续）

机　　构	电　话
妇女热线	64033383 64073800
青春热线	64015039
心理卫生咨询热线	66055431－332
妇女健康热线	65264662
紧急避孕咨询热线	62173454
公交问讯	96166
长途汽车问讯	64671346
火车问讯	63217188

打工城市——天津

【城市印象】

寻味天津卫

提起天津，马上会想到相声和狗不理的包子。说起相声，就让人想到马三立的“逗你玩”，当然还有现在相当火的小伙儿郭德纲。在天津，从相声大师马三立生前表演的南市荣吉大街燕乐茶社，到和平路上的中国大戏院，从老街估衣街上的谦祥益茶园，到鼓楼镇北门的元升茶社，只要花上10元钱，都可以领个杯子沏上茶，听一晚上原汁原味的相声。

听完相声，你还可以去体味一下天津的“金味”。和平路于天津如北京的“王府井”，滨江道于天津如上海的“淮海路”，买东西当然要去这一路一道。没到天津之前，就一直奇怪“北京人京城结婚津门摆宴”的逸事。但当你从天津站下火车，走出站台，坐上辆的士，起步价仅8元时，就会明白其奥妙——天津真是一个物价低的城市呀！同类产品的价格在天津会比在其他城市便宜很多。

在这一路一道淘完，还可以再去体味一下天津的“洋”味。曾经的租界造就了天津中西兼并的独特城市风貌。天津小洋楼很有名气，以“五大道”为最。数百座小洋楼，风格迥异，闹中取静，别有一番幽雅平和的感觉。除了英、法、德、意等国的各色建筑外，天津还有一批名人故居，如张学良、袁世凯、李叔同等著名人物的故居，包括在南河镇的霍元甲故居等。

与天津租界文化并存的还有历史悠久的起士林西餐名店，好不好吃先放一边，感受一下还是

值得的。说到吃，天津有太多值得饕餮的美味，狗不理包子、十八街麻花、“耳朵眼”炸糕，另外还有八大碗、四大扒为代表的天津传统菜肴，以及大饼鸡蛋、煎饼果子、贴饼子熬小鱼、锅巴菜等。如果这些都不足以撩拨你的食欲，那么，到塘沽吃价格实惠、货色新鲜的海鲜，老辈子天津人传下一句话：当当（音 dàng）吃海货，不算不会过。“海货”二字显见得一个大商埠、大码头的气势。天津人吃海货，吃得荡气回肠，吃得海阔天空。

天津人都很恋家，很少有天津人在外地闯荡。或许是因为依依不舍天津的独特味道吧，不知不觉，你也会被这座城市的亲切与从容打动……

城市概况

天津是一座有着 600 多年历史的工商业港口城市，是中国近代工业的发祥地，也是中国北方重要的出海口之一。

天津市现为直辖市，全市人口 938 万，流动人口约 130 万。市辖 15 个区、3 个县。市区有和平区、河东区、河西区、南开区、河北区、红桥区；滨海区有塘沽区、汉沽区、大港区；环城区有西青区、东丽区、津南区、北辰区、武清区、宝坻区。3 个县为静海县、宁河县、蓟县。

地理

天津位于华北平原东部，地形以低平的冲积平原为主，海河水系五大支流汇合于此，在大沽口入海。天津地跨海河两岸，总面积 11 919.7 平方公里，海岸线长 152.8 公里。

气候

天津气候介于大陆性气候和海洋性气候之间，四季变化明显。年平均气温 12℃左右，1 月最冷，平均气温 -4℃以上；7 月最热，平均气温 26℃。港口冬季结冰期约 80 多天。

旅游

天津的旅游景点以人文景观为主，以自然景观为辅。其最著名的十大景观为：天塔旋云、黄崖关长城、盘山、独乐寺、大沽口炮台、海河公园、古文化街、南市食品街和旅馆街、水上公园、中环线。

天津市区至滨海新区快速轨道交通工程
东兴路
一号桥
十一经路
小东庄
军粮城
东海路
洞庭路
会展中心
中山门
二号桥
东丽开发区
新立镇
钢管公司
胡家园
洋货市场
市民广场
www.51yaLa.com

交通

铁路　京哈、京沪两条重要铁路线及京山线、津浦线、津霸线、津蓟线、京津线，衔接北京、山海关、济南、霸州、蓟县 5 个方向，可使天津直达 40 多个城市。其中京津城际特快全程只需 80 分钟，票价 25~35 元。天津有 4 个客运火车站，其中最大的天津站位于天津市解放桥东侧。

公路　天津有京津塘高速、津沪高速天津段、威乌高速天津段、津汕高速天津段、津蓟高速延长线等多条高速路。

公交车　天津市区很多公交车都实行无人售票。车费 1~2 元。去开发区的车费要 4~5 元。

地铁　地铁 1 号线 5 站以内票价 2 员，5 站以上 10 站以下票价 3 元，10 站以上 16 站以下票价 4 元，16 站以上票价 5 元。

出租车　根据车型的不同，每公里 1 ~ 2 元不等，起步价 7 ~ 10 元不等。

天津滨海新区——启动北方经济新引擎

滨海新区位于天津市的东部临海地区，拥有海岸线 153 公里，陆域面积 2 270 平方公里，海域面积 3 000 平方公里。

新区定位

立足天津、依托京冀、服务环渤海、辐射“三北”（东北、华北、西北）、面向东北亚，建设成为高水平的现代制造和研发转化基地、北方国际航运中心和国际物流中心、宜居的生态城区。

总体布局

一轴　沿京津塘高速公路和海河下游建设“高新技术产业发展轴”。

一带　沿海岸线和海滨大道建设“海洋经济发展带”。

三个城区　在轴和带的T形结构中，建设以塘沽城区为中心、大港城区和汉沽城区为两翼的宜居海滨新城。

七个功能区　先进制造产业区、滨海高新技术产业区、滨海化工区、滨海新区中心商务商业区、海港物流区、临空产业区（航空城）和海滨休闲旅游区，以及若干现代农业基地。

海、路、空交通网

铁路　新建3条铁路大通道。京津城际轨道公交化，实现京津两地半小时通达。

公路　未来新建4条高速公路，形成四通八达的高等级公路网络。

海上　天津港要扩容，由30平方公里扩大到100平方公里。

空中　天津滨海国际机场整体规模将扩大3倍，成为功能先进、现代化程度更高的国际机场。

打工资讯

打工经济

天津区位条件优越，是北方重要的铁路交通枢纽和航运集散地。天津港是我国北方第一大港，并跻身于世界港口20强，与170多个国家和地区、300多个国际港口、1万多户外商建立通航和贸易关系。与深圳、上海主要运输制成品相比，天津港口运输的粮食、矿物等大宗货物更多，辐射面更广。

天津已形成以汽车和机械装备为重点的机械工业，以微电子和通讯设备为重点的电子工业，以石油化工、海洋化工和精细化工为重点的化学工业，以优质钢管、钢材和高档金属制品为重点的冶金工业等四大支柱产业。其中电子信息产业将成为领军产业，已初步形成了五个优势突出、生产相对集中的产业密集区——天津经济技术开发区、天津新技术产业园区、西青开发区、武清开发区、中心城区电子区。

2006年3月，国务院批准滨海新区为改革试验区，给予国家五项扶持政策。滨海新区的开放开发必将推动京津冀地区的进一步发展，不仅可以将这一有巨大发展潜力的区域建设成继长三角、珠三角之后的经济繁荣区域，而且有助于形成以京津冀为核心区、以辽东半岛和山东半岛为两翼的环渤海区域经济共同发展的新格局，甚至带动整个北方地区的经济发展。目前，总投资100亿欧元的欧洲空

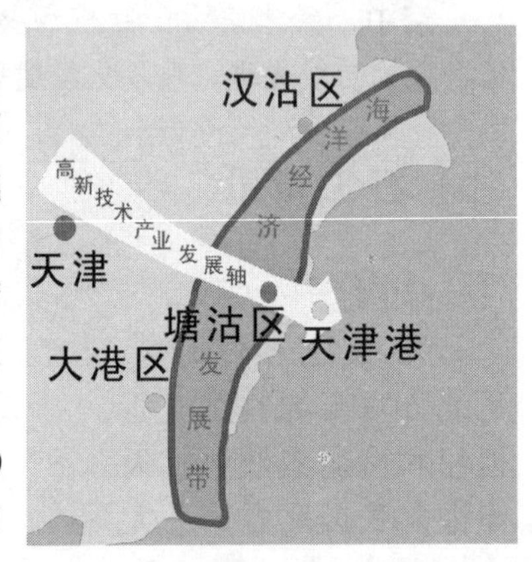

中客车公司 A320 系列飞机总装生产线已决定落户天津，这是该公司欧洲以外的第一条装配线，其投资力度不亚于三峡工程。因此，天津将成为我国第三个拉动区域经济发展的龙头型城市。

天津滨海新区的开发建设将提供众多就业岗位，引来无数优秀人才，这里很快就会成为一片新的打工热土。

用工分析

保姆需求量大　天津市对保姆的需求量特别大，许多家庭必须到家政公司等上一段时间才能请到保姆。此外，许多私营企业都在大规模招工，建筑工、汽修工、保安等比较吃香，有工作经验且具备一技之长的农民工非常抢手，而且薪水看涨。一般而言，普通求职者的月薪要求在 1 000 元以上，而有一定经验和技术的农民工的月薪则超过 2 000 元。外地务工人员可到位于天津市河北区二马路的劳动力务工市场找工作，这是天津最大的劳务市场，每天都会举办招聘会。

机械制造专业人才最抢手　天津人力资源开发服务中心公布前三季度天津市人力资源供需情况，企业用工需求排名前 10 位的分别是：机械、市场营销、生物医药、管理、计算机、财务、文秘中文、电子、国贸商务、化工等专业的人才。对机械制造专业人才的需求排在首位，占总数的 31.96%。其他依次是设备工程师、机械工程师、机械设计师、项目负责人以及其他相关岗位。

“零售业人才”成香饽饽　随着跨国零售企业大举进入天津，加剧了行业内的竞争，导致本来就人才匮乏的局面更加突出，中高层管理人才严重短缺。需求最大的是懂得店面管理的店长、零售业的高级采购人才以及谈判桌上的物流人才，尤其是高中层“零售业人才”成了香饽饽。

求职途径

报纸媒体　《今晚报》、《假日 100 天》、《每日新报》招聘副刊专版。

人才市场　国展中心、滨海新区人才劳务大市场（开发区南海路 69 号泰达人才）每周六都有招聘会，体育中心经常有不定期招聘会。

网站　天津招聘网 http://www.tjzp.com；天津人才网 http://www.tjrc.com.cn；泰达人才网 http://www.tedahr.com。

小贴式——

◆天津打工提前了解信息有序流动

天津市劳动保障部门特别提醒：天津企业吸纳外来劳动力的方式，主要是委托外省市劳动保障部门统一组织，有序流动。准备到天津打工的人员应该先与当地劳动保障部门联系，了解有关就业信息，以免白跑冤枉路。

◆天津打工生活成本低

天津的消费水平很低，几乎排在省会城市倒数。相对于相邻的首都北京，天津的物价水平和生活成本较低。有人计算过，在天津的收入达到 3 150 元，即相当于北京收入 5 000 元的生活水准。天津的房租也很便宜。所以，现在有许多人在北京工作，在天津生活。

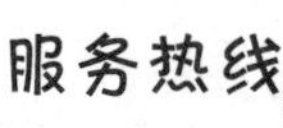

劳动就业服务热线（022）

机　　构	电　话
市职业介绍服务中心	23312600 23317989
外来务工人员就业服务中心	26215545
和平区职业介绍服务中心	23379132
南开区职业介绍服务中心	27381338
河北区职业介绍服务中心	26242828
河北区残疾人劳动服务所	26292132
市妇联职业介绍中心	24012757
春华秋实职业介绍所	24329937
红桥区职业介绍服务中心	86516657
津南区职业介绍服务中心	28392646－805
西青区职业介绍服务中心	27937046
东丽区职业介绍服务中心	24392014
北辰区职业介绍服务中心	26812543
北辰区宜兴埠镇农村劳动力职业介绍所	86314142
塘沽区职业介绍服务中心	66300320
开发区一鸣职业介绍所	25324543
大港区职业介绍服务中心	63109000
汉沽区职业介绍服务中心	25691084
宝坻县职业介绍服务中心	29243354
静海县联桥职业介绍服务中心	28910217
蓟县职业介绍服务中心	82863884
武清区职业介绍服务中心	82113951
宁河县职业介绍服务中心	69592271

常用服务机构热线（022）

机　　构	电　话
公交问讯	1606262
劳动监察	23941410
长途汽车问讯	27270168
市长热线	12345
旅游投诉	28359093
火车问讯	26180114
出租车管理	23549000
天津妇女维权热线	16838198

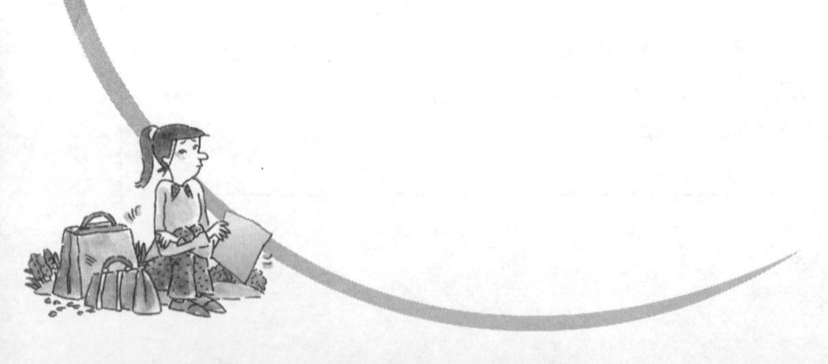

打工城市——济南

【城市印象】

济南可爱的N个理由

(1) 居全国高速公路里程之首的山东省，道路纵横交错。济南，就是这张网最中间的那个网结，俗话叫枢纽。

(2) 济南泉水甲天下，您可以不知道济南，但您不能不知道泉城，七十二名泉，数千个不知名的泉眼，足以让您忘不掉它。

(3) 您知道这座城市最少有多大岁数了吗？龙山文化遗址，就在济南5 000年以前的老城区。

(4) 成千上万的荷花养在一个大盆里，这个大盆就是“大明湖”，里面还有尖朝下的千佛山。

(5) 霞侣市、芙蓉街、县西巷、后宰门、铜元局，走进这些老街老巷，时光倒退了好几百年。

(6) 济南人不太爱说话，看似面冷，其实心热。打车，如果担心司机会拉着您白绕上一大圈，您就太不了解济南的的哥的姐了。

(7) 陌生人在济南绝不会迷路，交通像个棋盘，城市被道路切割得四四方方，向左、向左、向左、向左，原来是个圈啊！

(8) 核桃、花生、栗子、柿子、红枣、山楂，从山上运到济南，不出半小时，就这么近！

(9) 济南的食品包装白色污染少，因为大家喜欢回家自己做着吃，即使外卖，也用荷叶包着。

(10) 您喝过甜沫吗？除了济南，别的地方没有，但却是咸的，这就是济南人的幽默。

(11) 在济南，有两座祠堂，一是清照祠，一是藕神祠，其实，主人公都是一个人——“易安居士”李清照。一个是历史，一个是神话，历史与神话相得益彰，共生共存，这是济南人的传统与浪漫，怀旧与希望。

(12) 往北，您可以游泳：横渡黄河。往南，您可以登山，千佛山后，山连着山，直达泰山。

城市概况

济南是中国东部沿海经济大省——山东省的省会。济南历史悠久，是国务院公布的历史文化名城。济南现辖历下、市中、槐荫、天桥、历城、长清6区，平阴、济阳、商河3县和章丘市。现常住人口 589 万人，市区流动人口约 15 万人。

地理

济南市南依泰山，北跨黄河，总面积 8 177 平方公里。

气候

济南属于暖温带大陆性季风气候区，四季分明，日照充分。年平均气温 13.6℃，1 月最冷，平均气温 -1.9℃，7 月气温最高，平均气温 27℃。

旅游

趵突泉、大明湖、千佛山，并称为济南市三大名胜。

交通

铁路　京沪、胶济铁路在此交汇，北上北京490公里，南下上海968公里，东到青岛393公里。联络京九、津浦两大干线的聊泰铁路即将开工建设。

公路　济南有济菏高速、济莱高速、绕城高速三条高速公路。绕城高速公路全长100公里。济南市内有2个长途汽车站：济南长途汽车总站客车发往全省及邻省主要城市；长途汽车东站客车跨省发往太原、石家庄、濮阳等地，并同时有到菏泽、临沂、曲阜、泰安等地的8个省内班次。

公交车　济南有公共汽（电）车线路100多条。普通公交车票价1元，空调车票价2元。

出租车　起步价3公里内6元，3公里后每公里1.2元。

打工资讯

打工经济

济南是我国重要的工业城市之一，电子信息、交通设备、家用电器、机械制造、生物工程、纺织服装为六大主导产业，高新技术、信息产业发达，IT产业经济总量在中国名列第四位。同时，济南市具有良好的农业水土资源，悠久的蔬菜种植传统，享有“全国菜篮子”的美誉，培育出“章丘大葱”、“平阴玫瑰”、“槐荫圆葱”等一批名优特农副产品，在国际市场具有较高的知名度。济南市现有国家级开发区2个，省级开发区4个，其他各级各类开发区、工业园18个。

济南临港经济开发区是省级开发区，位于济南遥墙国际机场南邻，与正在建设中的济南新城区相连，已成为开发区经济发展的“隆起带”、电子生化区；以维维集团、济南一品等食品、饮料、农副产品加工企业为中心的工业园的开发建设也正如火如荼。

济南东部新区的主体在历城。规划建设用地约120平方公里，人口规模70万~90万人。预计将承担市区工业总产值的50%。力诺科技园、黄金工业园、法国让古戎工业园、博世磨具、巧巧食品、英才学院、海天软件学院等已入驻园区。

南部生态经济区地处泰山北麓山区，包括7个镇，近700平方公里。重点发展旅游休闲业、生态观光农业。拥有众多的溪川名泉，风景秀丽，气候宜人，是观光、旅游、避暑之胜地。

用工分析

人才需求前3位 来自济南人才市场的数据显示，市场人才需求人数最多是计算机类人才，多数岗位都要求专科以上人才，薪金待遇较之以往也有所提高。排名第二的是市场营销类人才，但是在学历和经验要求上有了较快的增长。财务类人才需求排名仍然居于前三位，需求人数增长较小。其他依次是文职类、广告/设计、机械类、行政人事、电子通讯、服务后勤、工业工厂。

求职途径

报纸媒体 《齐鲁晚报》、《山东商报》、《济南时报》都发布招聘信息。

招聘网站 大众人才网 http：//www.sdjob.com.cn；济南人才招聘网 http：//www.jinanjob.com.cn.

劳动就业服务热线（0531）

机　　构	电　话
市职业介绍服务中心	82051955
阳光大姐服务有限责任公司	82903378
市残疾人职业介绍所	86315636

（续）

机　构	电　话
大众职业介绍所	87069123
历城区泉鑫职业介绍所	88823307
仁爱信息服务中心	86051360
历城山东金业职业介绍所	88991586
槐荫区南辛庄职业介绍所	87190681
槐荫区青年公园职业介绍所	87030308
槐荫区西市场职业介绍所	87931033
槐荫区春雨职业介绍所	87920528
槐荫区匡山职业介绍所	85985498
槐荫区中大职业介绍所	87163043

常用服务机构热线（0531）

机　构	电　话
劳动监察	86401812
市长热线	12345
公交问讯	96596
长途汽车问讯	96369
火车问讯	95001818
出租车管理	12319
旅游投诉	2963423
妇幼保健专家咨询热线	1607005

打工城市——青岛

【城市印象】

青岛，美丽的海滨城市

海洋是青岛的灵魂。这个海滨城市的灵气与贵气全都来自于海洋。海风一年四季不停地刮着，带来了冬天的凛冽和夏天的潮湿。青岛的海水，冬天是青色的，到了夏天，就变得湛蓝湛蓝。长长的银色沙滩细腻柔软，非常美丽，让你即刻产生与其拥抱的渴望。

青岛的欧式建筑很多，充斥双眼的是厚重的德意志风格，给人一种漫步在欧洲小城的错觉。青岛离韩国近，所以处处渗透着一股韩流。大街上韩文广告比比皆是，时尚的韩国姑娘和小伙子常会与你擦肩而过，公交车上你随意坐在一位时尚女孩旁边，一句“啊泥哈撒哟”却告诉你，原来她是个韩国 MM。掌握韩文在青岛找工作会成为一个优势。

由于地势起伏的原因，青岛几乎看不到自行车，摩托车也不多见。一般人们出门都是乘坐公交车或出租车。也正因为如此，青岛的公交十分方便，四通八达，每隔四五分钟就有一班车，而且十分准时。另外，青岛的很多路都是单行线，出门前，人们得认真地安排好路线，否则，得绕点路才能到达目的地。

城市概况

青岛是计划单列市，也是国家 14 个沿海开放城市和 8 个国际会议城市之一。青岛现辖 7 区 5 市，总面积 10 654 平方公里。全市人口 731.12 万，其中，市区 258.4 万人，5 市 472.72 万人。全市非农人口比重达到 36%，外来人口已达 122 万。

地理

青岛位于山东半岛南端，东、南濒临黄海，西、北连接内地。全市海岸线总长 870 公里，

占山东省岸线的 1/4。

气候

青岛属温带季风气候。市区受来自洋面上的东南季风及海流、水团的影响，故又有显著的海洋性气候特点。空气湿润，温度适中，四季分明。春季气温回升缓慢，较内陆迟 1 个月；夏季湿热多雨，但无酷暑；秋季天高气爽，降水少；冬季风大温低，持续时间较长，但无严寒。

旅游

青岛有“海上名山第一”之称的崂山，有被誉为远东最好海水浴场的汇泉第一海水浴场，还有栈桥、八大关等很多景点。

交通

铁路　青岛火车站位于栈桥附近的泰山路,每天有发往北京、上海、广州、济南等地列车共24 对。除往淄博、烟台、威海方向外,其余各次都经停济南。

公路　青岛市已建成济青、胶州湾、西流、双流、维莱、栖莱、青银等 7 条高速公路。4 个长途汽车客运站每天有发往省内外各地的长途汽车。

渡轮　青岛—黄岛 06:30 ~ 21:00,每 30 分钟一班;青岛—薛家岛 06:40 ~ 19:10,每小时一班。

公交车　青岛的公交车非常方便，多为无人售票。公交单一票价 1 元，空调车单一票价 2 元。公交 26、201、202 路车沿着海边走，起点是轮渡和火车站。

出租车　起步价 3 公里内 7 元，3 公里后每公里 1.2 元，超过 6 公里后，每公里按 1.8 元计价；夜间 22 时至次日凌晨 5 时每公里 1.6 元，超过 6 公里后按 2.2 元计价。

打工资讯

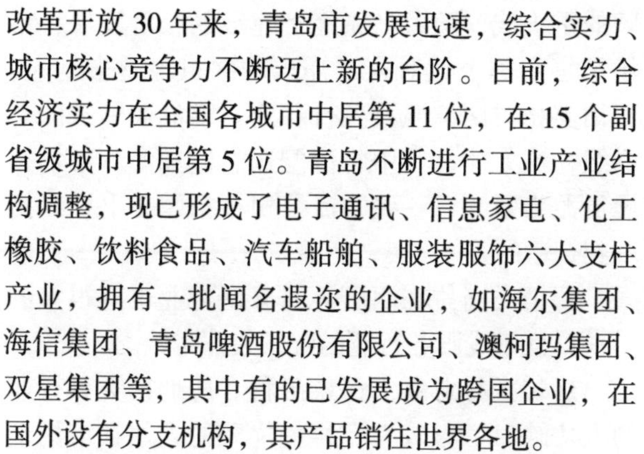

打工经济

青岛是我国东部重要的经济中心城市和港口城市，也是中国十大最具经济活力城市和中国十佳商务城市。改革开放 30 年来，青岛市发展迅速，综合实力、城市核心竞争力不断迈上新的台阶。目前，综合经济实力在全国各城市中居第 11 位，在 15 个副省级城市中居第 5 位。青岛不断进行工业产业结构调整，现已形成了电子通讯、信息家电、化工橡胶、饮料食品、汽车船舶、服装服饰六大支柱产业，拥有一批闻名遐迩的企业，如海尔集团、海信集团、青岛啤酒股份有限公司、澳柯玛集团、双星集团等，其中有的已发展成为跨国企业，在国外设有分支机构，其产品销往世界各地。

青岛区域功能明显，李沧区、市北区为商业区，汇集了七大商厦、六大专业市场以及科技街、地下中心商业街等。四方区的老城区、新经济区和西海岸经济开发带三部分组成交通枢纽，海尔集团、青岛发电厂等国家部委、省、市直属 110 余家大中型企业坐落于此。城阳区拥有远近闻名的青岛环海经济技术开发区、城区工业园、青大工业园、红岛工业园以及各镇工业园。崂山区是重要的旅游风景区。另外，青岛开发区（黄岛区）是享有沿海经济技术开发区优惠政策的经济区域。区内同时拥有国家级青岛保税区、青岛新技术产业开发试验区以及省级薛家岛旅游度假区，是中国开放区域功能最集中的地区之一。

用工分析

技术人员短缺 据青岛各人才市场统计数据表明，青岛目前技术人员稀缺，给排水工程师、电气工程师等岗位甚至呈现出"一人难求"的紧缺现象。

销售类岗位稳登榜首 销售类岗位一直是招聘的重头戏，随着岛城经济建设的长足发展，市场销售类等企业对人才需求的缺口也越来越大。营销类相关岗位遍及各行各业，物流业紧缺的是高级物流人才，其中物流配送总监和海外市场拓展员尤为紧缺，一些物流公司在招聘会上始终招不到合适的人才。

营销类岗位在酒店等服务型行业也有很大的需求，且一线服务行业的统领人才奇缺。

建筑类行业需求保持平稳 房地产类等行业的人才缺口一直较大，相关优秀的人才在市场上备受青睐，同时行业内"挖角"的事情也时有发生，建筑、房地产岗位需求量同时放大，已经攀升到需求排行榜的第二位。因此，尽管求职人数增多了，但该产业依然保持着供需平衡。

生产制造业招聘职位猛涨 在生产类方面，制造业招聘职位数量猛涨，与同期相比增加了28%。虽然生产类岗位需求的一般都是一线的技术员工，但是企业对学历和技术经验的要求普遍提高。在生产制造业、化工行业、机械行业，有过硬专业技术和丰富带队经验的主管和高级工程师很受青睐，尤其是有3~5年从业经验的工程师。

求职途径

青岛市外来人员职业介绍中心 该中心为外来务工人员提供“一条龙”职业介绍服务，包括受理求职者投诉。

热线：83831505/83833212/83833206

地址：青岛市市北区内蒙古路17号

乘车路线：乘5、20、21、24、209、215、303、305、365、366、373路车到长春路或埕口路站下车。

青岛人才市场网 http：//www.wonjob.com。

常用服务机构热线（0532）

机　　构	电　话
公务员效能投诉电话	85911555
劳动监察	83809091
市长热线	12345
公交	12319
长途汽车问讯	82676842
火车问讯	82975022
出租车管理	83835074
旅游投诉	85912000
打工维权热线	83638042
妇女维权热线	12338

打工城市——大连

【城市印象】

大连三印象

大连，背靠群山，面对大海，是一座美丽的海滨城市，她是很多人心中认定此生必游的城市之一，也是最适合居住的城市之一。去过大连，都会留下鲜明的印象。

大连，给人的第一印象就是城市的干净，整洁，秩序井然。

大连的马路不宽，车辆却很多。由于地处丘陵，马路多是沿山修建，蜿蜒曲折，不好辨认方向。高低起伏的道路，骑自行车爬坡很吃力，这大概是这座城市里自行车很少的原因。不过公共汽车还是很方便的，不然就步行，吹着海风，也不错。

大连给人的第二个印象就是寸土寸金。由于地处丘陵，在大连，想找一块平坦的地方实在是太难了。大量的房屋都依山而建，有的房屋打开后窗与山岩只有几米远。可是大连却拥有全国最大的城市广场——星海广场。宽阔的广场，高大的汉白玉华表，花团锦簇，绿树成荫，游客如云。穿过广场一直走到大海边，看到海的尽头那蔚蓝的天空，天水一色，让人的心情豁然开朗。

大连给人的第三个印象是她的历史遗迹。1894 年的甲午战争、1904 年的日俄战争的历史遗迹——旅顺口的炮台，还有大连至今保留着在全国都不多见的有轨电车。那丁冬作响的车铃，那隆隆驶过的机车，把人带回到久远的年代，成为大连一个鲜明的符号。

还有痴迷足球的大连人，身材高挑的大连姑娘，美味的海鲜，漂亮而时髦的建筑……

这，就是大连。

城市概况

大连市是东北、华北、华东的海上门户，环渤海经济圈重镇，1985 年被国务院确定为计划单列市。大连市辖 3 市、1 县、6 区，3 市（县级）为瓦房店市、普兰店市、庄河市；1 县为长海县；6 区为中山区、西岗区、沙河口区、甘井子区、旅顺口区、金州区。常住人口约 562 万，流动人口约 90 万人。

地理

大连市地处我国东北辽东半岛最南端，东濒黄海，西临渤海，南与山东半岛隔海相望，北依辽阔的东北平原，区内有黄海流域和渤海流域两大水系。

气候

大连市具有海洋性特点的暖温带大陆性季风气候，冬无严寒，夏无酷暑，四季分明，降雨集中，季风明显，风力较大。年平均气温 10.5℃，其中8月最热，平均气温24℃。1月最冷，北部平均气温 –0.7~9.5℃。

旅游

大连是海滨城市，著名的风景名胜区有虎滩海洋公园、棒槌山、星海广场和旅顺口。虎滩海洋公园有4 000余米海岸线，是中国最大的一座现代化海滨游乐场；星海广场是亚洲最大的城市广场。

交通

铁路　大连与东北、华北铁路网连接，除每天由大连始发30列普通旅客列车外，并专设了大连至沈阳、北京、长春、哈尔滨的全空调旅游专线高速列车。

海运　海上客轮开通至烟台、龙口、威海、秦皇岛、上海、天津新港航线和韩国仁川。大连境内至长海县各岛及各海岛之间均有短距离航线。大连至烟台、威海开通了高速旅游客船，航程仅需2.5小时左右。

公路　沈大高速公路纵贯辽东半岛，与沈阳、

辽阳、鞍山、营口、大连五大工业城市和大连港、营口港、营口鲅鱼圈相接。大连至沈阳长途汽车日发班车近 30 班，市内至开发区每 5 分钟发 1 班车，至旅顺每 20 分钟发 1 班车。

公交 市内公交线路 87 条，一般首班车时间为早 4：00 或 4：30，末班车时间为 22：00 或 23：00，夜间有夜班车服务。票价 1 元，通用 IC 交通卡。

出租车 起步价 3 公里内 8.00 元，超过 3 公里每公里 1.80 元；夜间 22 时至早 5：00，起步价 3 公里内10.40 元，超过 3 公里每公里加价 30%；等候每 5 分钟按 1 公里收费。

打工资讯

打工经济

大连是我国北方重要的港口、贸易、工业、旅游城市，有 4 个国家级对外开放先导区——开发区、保税区、高新技术产业园区、金

石滩国家旅游度假区。作为“第一个国家级经济技术开发区”的大连开发区，重点发展石化、电子信息、机械加工制造、汽车零部件、现代修造船和旅游业等六大产业集群建设，区内有中心工业区、光电子产业区、IT产业区、大孤山半岛临港工业区、小窑湾中心商务区（CBD）和城北工业区及金石滩度假区等7个园区，陆续有大众发动机、中远船务、THK直线导轨等一批5 000万美元投资项目落地。

大连保税区在“十一五”期间，将建设成为东北亚重要国际航运中心的核心功能区、东北亚国际物流中心、东北亚资源性商品集散中心以及中国北方重要的高附加值临港加工制造业中心。

2003年大连市把旅游业列为支柱产业之一，2005年旅游创汇4亿美元，实现旅游总收入210亿元，同比增长23%。

用工分析

物流人才缺口2万 大连市物流协会发布消息：物流从业人员知识与技能提升计划（即百千万工程）在本市全面展开。目前，全市物流专业人才还存在2万人的缺口。由于物流教育在我国起步较晚，从在本市数万名物流从业人员的基本情况看，他们的专业水平、知识结构、技术技能，远远满足不了现代物流业快速发展的需要，尤其是一些高中端物流解决方案和项目设计领域难觅到高素质的物流专业人才。特别是最近几年，随着本市国际航运中心建设和现代物流业的发展，至少还需要2万名各类物流专业人才。

技能人才缺口 46 万 高素质的技能人才对产业的重要支撑作用已不容置疑，技能人才缺口 46 万人。其中，初、中级技工缺口 27 万人，高级工缺口 15 万人，技师、高级技师缺口 4 万人。船舶制造、石油化工、数控技术、电子信息、机电设备维修、焊接技术、精密机械、生物制药、环保设备维修等技术工种，需求总量将达到 33 万人左右。目前，已经拥有的技能人才总量约 18 万人，缺口约 15 万人。

求职途径

报纸媒体 《大连日报—招聘专版》每周一出版，是大连市人事局、人才服务中心指定的人才信息发布媒体，不仅发布招聘信息，还发布大连市最新的用人政策、人才市场动向等，是求职者必读的报纸。《新商报—招聘专版》每周三出版，在大连市内、开发区、金州区及旅顺口区等人才市场、各重要公交车站、写字楼、繁华商业区，以及大连至开发区的轻轨车站，免费向求职者派发。

人才市场 大连人才市场，每周二、五、六、日有招聘专场，每周约 3 万人前来求职，地址：大连市沙河口区迎春街 45 号（解放广场人才大厦）。大连开发区人才广场，地址：开发区金马路 260 号。保税区人才市场，地址：保税区海星路 1# 东园公寓一楼。

网络 大连人才网 http：//www.dl-rc.com，是大连市人才服务中心的专业网站，最大的人才信息库。大连人才招聘网 http：//www.521job.com，是大连市就业指导中心的人才网站。

服务热线

常用服务机构热线（0411）

机　　构	电　话
职业介绍服务中心	82819276
公交	82893403
劳动监察	83634982
长途汽车问讯	82637141
市长热线	12345
旅游投诉	84339970
火车问讯	82603331
出租车管理	83638328
妇联维权热线	12338

打工城市——沈阳

【城市印象】

工整的沈阳城

沈阳城是工整的，南北街，东西路，城市显得规矩而利于辨认方位。沈阳城的工整跟她曾经是座皇城有些关系。沈阳人起地名的能力令人折服，十分讲究原则。比如铁西区，铁西区曾是沈阳的工业区，工厂搬走之后，留下了工字辈儿的名字，什么兴工街、保工街、肇工街等。再比如

找到了建设大路，就可以直接按数字编号一条条地查到所有路的名字。往北，是北四路、北三路直到北一路。而建设大路以南自然就是南路，从南六路到南十四路，只要一条路一条路地查过去，尽头的那条路就是十四路。所以，在沈阳只消记住南北，就可以以此类推每条路的名字。直率的沈阳人！

沈阳人如这些地名一样只消简单了解便可熟识，这可能跟她是座老工业城市有关。20 世纪 50

年代，来自全国各地的大搞工业化建设的外地人，一时间风起云涌般地落居沈阳，或许大家见面只需很简单地直接介绍自己，便算是认识了。这种简单的打交道方式，一直保持到了现在。沈阳人通常不会因为一两句话有那么多不快。如果你的话恰好说中对方心坎，沈阳人还会特别感激地对你说：“缘分啊！”以此表达对你的接受和内心的喜爱。

城市概况

沈阳市是辽宁省省会，历史文化名城，也是我国新中国成立初期建设起来的重工业基地之一。

沈阳市现辖9区1市3县，总人口693万人，市区人口491万人，外来人口31.1万人。

地理

沈阳位于辽东半岛的腹地，中国东北地区南部，辽宁省中部，以平原为主。

气候

沈阳市全年气温在-29~36℃之间，平均气温8.3℃，全年降水量500毫米，全年无霜期183天。受季风影响，降水集中，温差较大，四季分明。春天和秋天时间短促，升温、降温幅度很大；夏季平均气温24℃，比南方凉快3~5℃；冬季寒冷干燥，必须穿羽绒服或棉大衣。

旅游

沈阳故宫是除北京故宫外，中国现存的第二大完整的宫殿建筑群，是清太祖努尔哈赤和清太宗皇太极的皇宫。北陵公园（昭陵）是清代皇陵和现代园林完美结合的游览胜地。

交通

铁路　沈阳是全国较大的铁路交通枢纽之一，6条干线在此交汇并连接着8条支线，通往全国各地。

公路　沈阳境内高速公路四通八达，有京沈、沈哈、沈丹、沈大、沈铁、沈抚、绕城等多条。

公交车　沈阳有多路公交线路，普通线路1元，空调线路2元起。

出租车　起步价3公里内7元，3公里后每公里1.5元。

打工资讯

打工经济

沈阳是全国闻名的老工业基地。近年来，汽车及零部件装备制造、电子信息、化工医药等产业初具规模，

已成为全市经济快速发展的重要支撑；科技创新能力和企业研发能力不断提高，形成了一批具有较强竞争力的产品和企业。

沈阳市区域优势独特，在以沈阳为中心的150公里的半径内，有鞍山、本溪、抚顺、辽阳、铁岭、营口等一批资源丰富、实力雄厚的工业城市，形成了世界上罕见的城市群。大连港、营口新港、锦州港距沈阳不超过400公里。因而，沈阳成为东北地区的经济、文化、交通、商贸、金融中心，商品交易辐射东北三省及整个东北亚地区。

在国家振兴东北老工业基地战略中，沈阳担负着加速自己建设的步伐和带动周边城市乃至振兴东北地区的双重任务。目前，沈阳已加快自己振兴的脚步，一批城市基础设施建设正在陆续竣工，许多重大招商引资项目已落地生根。沈阳市在“十一五”规划期间，要坚持“工业立市”，瞄准国际先进水平，大力发展重大技术装备、汽车及零部件等八大产业，同时大力发展金融、中介、物流、旅游及房地产等现代服务业，改造提升商贸流通等传统服务业，到2010年将要建设成东北地区的商贸物流中心和金融中心。

用工分析

老工业基地出现“技工荒”　沈阳是我国重要的老工业基地，是生产技术工人的“摇篮”。但在沈阳装备制造企业中，中、高级技师50岁以上的占到42.64%，技师50岁以上的占34.71%，而30岁以下的高级技师仅占5.18%，技师占7.46%，属于“稀罕物”。

未来5年，沈阳市工业高、中级技能人才缺口将达40万人次。据沈阳市劳动力市场提供的信息，目前，沈阳制造业短缺的技能型人才有高级技工、技师、高级技师等。高级车工、铣工、钻工、镗工、刨插工、磨工、加工中心操作工、高级装配调试工、模具设计师、冷作钣金工、装配钳工、电切削工、制剂工等成了“香饽饽”。

劳动就业服务热线（024）

机构	电话
辽宁省人才中心	22503909
市总工会职业介绍所	22730028
沈阳劳动力市场	31401111
市职业介绍服务中心	31402010 81873467
沈河区职业介绍所	24843812
皇姑区职业介绍所	86245202
大东区职业介绍所	24864800 24867965
于洪区职业介绍所	25833636
天地合职业介绍所	24120491
天都职业介绍所	88554536
天慧信息咨询公司职业介绍所	24322707
丹信职业介绍所	23527145
东陵区职业介绍所	24210678
辽中县职业介绍所	87882184

（续）

机　　构	电　话
回音壁职业介绍所	23836902
苏家屯区职业介绍所	89814045
沈阳市交通职业介绍所	25864853

常用服务机构热线（024）

机　　构	电　话
农民工维权热线	96333
劳动监察	22855274
市长热线	12345
公交	95000888
长途汽车问讯	24222420
火车问讯	62062222
出租车管理	22936901
旅游投诉	22821999

打工城市——重庆

【城市印象】

重庆，山城亦是江城

重庆依山而建，得“山城”之名；又傍水而筑，长江和嘉陵江在此会合，有“江城”之称。自古以来重庆山清水秀，人杰地灵，是巴渝地区的政治、经济、文化中心，又是长江上游的航运交通枢纽。重庆夜景美，有“小香港”之誉，在鹅岭公园、枇杷山公园、南山一棵树等地都设有观景台，在观景台上俯瞰重庆夜景，极目远处，亮光点点，错落而有致，灿若

星河。

重庆的火锅吸引人。火锅品牌分店遍布大江南北，甚至闯入国际饮食界，在大洋彼岸竖起了“毛肚火锅”的牌子。在重庆吃火锅，那红艳艳、油汪汪的料汤翻滚着，毛肚、鸭肠、鸡菌子（鸡胗）即烫即吃，热气蒸腾，在一通“好吃”、“够味”的惊呼中，所有烦恼、杂事暂且丢到脑后。

重庆名胜风景吸引人。红岩革命纪念馆、周公馆是红色旅游圣地；在市中心的人民大礼堂、解放纪念碑、三峡文化广场走走逛逛，或乘坐轻轨绕城而行，那种感觉特别美；南北温泉、缙云山、大足石刻，既可观光，又可休闲；由重庆乘船沿长江东下，经鬼城丰都、忠县石宝寨，过奉节白帝城，三峡风光，令人魂牵梦萦。

重庆不止有涪陵的榨菜、荣昌的种猪、石柱土家族的中药材——黄连闻名于世，更有摩托车、汽车居全国行业的龙头老大。山城不止山峦叠嶂，拔地而起的高楼也鳞次栉比，仅渝中半岛超过20层以上的高楼就不少于300幢。重庆近年来的快速发展极为引人称道，各种各样的项目在这里落地开花。正是重庆的快速发展，吸引了各路人才纷至沓来。

城市概况

重庆是直辖市，下辖 40 个行政区县，其中包括万州区、涪陵区、渝中区等 15 个直辖区，江津市、合川市、永川市、南川市 4 个县级市及綦江县、潼南县等 17 个县，石柱土家族、彭水苗族土家族等 4 个自治县。全市人口 3 144.23 万，其中农村人口占 61.7%，主城区人口 310 万，外来务工人员超过 50 万人。

地理

重庆北有大巴山，东有巫

山，东南有武陵山，南有大娄山，地形由南北向长江河谷倾斜，全市面积 8.24 万平方公里。长江干流自西向东横贯全境，长达 665 公里，长江干流重庆段，汇集了嘉陵江、渠江、涪江、乌江、大宁河五大支流及上百条小河流，加上长寿湖、小南海、青龙湖等湖泊，年平均水资源总量在 5 000 亿立方米左右，每平方公里水面积全国第一。

气候

重庆市气候属亚热带季风性湿润气候，年平均气温在 18℃左右，冬季最低气温平均在 6~8℃，夏季平均气温在 27~29℃，冬暖夏热、雨量充沛。

旅游

长江三峡是国家重点风景名胜区，全长 193 公里，位于重庆市内的有瞿塘峡和巫峡，西陵峡属湖北省地域，有白帝城、巫山十二峰等诸多著名景区。

交通

铁路 川黔、成渝、襄渝三条主要铁路干线在此交汇，重庆火车站是重庆铁路客运的中心。水运客运码头位于渝中区东端的朝天门，客运轮船分“涉外旅游船”、“国内旅游定点船”、“普客班船”三类。涉外旅游船票价较高，国内旅游定点船票价略高于普客班船，普客班船票价较低。

公交车 重庆市区公共交通便捷，有普通车、小公共汽车、空调车和环线观光车以及高峰车等，运营时间早5：30至晚21：00。普通车票价1元，空调车起价1.5元。公交月票IC卡可乘坐市内60条月票线路，每张40元，可乘坐90次/月。

出租车 起步价5元，超出3公里后每公里

1.8元；晚21：00后起步价5.9元，

打工资讯

打工经济

重庆是中国西南地区和长江上游的经济中心、重要的交通枢纽和内河口岸，经济实力相对较强，大工业、大农业、大流通、大交通的特点突出，具有一批带动能力较强的支柱产业、优势行业和拳头产品。

重庆是全国重要的机械工业基地、常规兵器生气基地、综合化工基地、医药工业基地和仪器仪表工业基地。有以汽车摩托车为主体的机械工业、以天然气化工和医药化工为重点的化学工业、以优质钢材和优质铝材为代表的冶金工业三大支柱产业，以及一些优势行业为支撑的工业体系；长安、嘉陵、建设、庆铃、太极、奥妮、华陶等一大批名企名品驰骋天下。特别是汽车摩托车工业发展较快，重、轻、微型汽车和经济型轿车都已形成规模。1999年重庆已成为中国第三大汽车生产基地。

用工分析

2012 年高技能人才缺口将达到 50 万 到 2012 年，重庆市高技能人才的缺口将达到 50 万。到 2007 年底，重庆市高技能人才达到 37 万人，高技能人才占技能劳动者的比例，由 2005 年的 12.51%增加到 18.14%，但高技能人才仍然面临巨大缺口。

商贸人才缺口达 50 万 来自市商委的统计称，重庆目前商贸流通业人才缺口达 50 万。据重庆市商务部介绍，重庆市目前有商贸流通从业人员 261 万，数量远远不能满足流通业发展速度，商贸流通业人才缺口预计在 50 万人左右。以会展业为例，目前重庆市取得国家承认资格的会展师只有区区二三十名，以至于年薪 10 万都难以招到合适的人才。

常用服务机构热线（023）

机　　构	电　话
职业介绍服务中心	63876776
公交	62940708
劳动监察	63876776
长途汽车问讯	63873196
市长热线	63854444
旅游投诉	63712218
火车问讯	63442322
出租车管理	63864421

打工城市——成都

【城市印象】

成都“闲”人

有一段描写普通成都人生活的顺口溜是这么说的：“吃点麻辣烫，打点小麻将，喝点盖碗茶，

看点歪录像”。编这段顺口溜的人，不是什么天才，但肯定是一个善于观察和思考的人。

早在秦汉时代关中人就有“少不入川”的说法，是怕年轻人进川后沉溺于休闲娱乐，消磨了人生意志，进而玩物丧志，失去了人生进取的锐气和斗志。看来，身处四川盆地的成都自古以来都是有名的休闲之都。古训曰：“玩物丧志！”这个“物”对成都人来说，就是“茶”和“麻将”。成都的麻将席遍地都是，对麻将的普及更是从小孩就抓起。如果你走在成都的大街上，看到路边摆着麻将桌，几个女人口叼香烟，头上插满美发

的发卡，你千万不要大惊小怪。

在成都，因为生活成本低，很容易生存，时间长了，就养成了成都人懒散的生活作风，而成都大街小巷众多的茶馆是培养成都人惰性的温床，同时也滋养了成都人封闭自守、知足常乐、不思进取的性格缺陷。

成都有句俗语：“小生意大家做，龙门阵大家摆。”成都的小老板遍地都是，但大老板却很少，究其原因，成都人容易满足，不思进取，懒得把生意做大。也许，她缺少的就是苦难和挫折，成都太顺利了，也太安逸了。

让我们感到庆幸的是，成都人对自己的这种状态早已有所察觉，他们用麻辣刺激自己，用足球来激励自己。在成都，人不分男女，地不分南北，哪里有比赛，哪里就有成都的球迷，甚至组团包机到外地、外国为四川队呐喊助威。成都球迷不喊“加油”，而是喊“雄起”。这是一个很好的兆头，一向悠闲的成都人居然要阳刚十足大展雄风了。

城市概况

成都是国务院确定的全国首批历史文化名城，早在 2 500 多年前，古蜀王开明九世就在成都平原的腹心地带建都，取“一年成聚，二年成邑，三年成都”之意而名成都。市区总面积 1.24 万平方公里，下辖 9 区 4 市 6 县，户籍人口 1 082 万人，外来人口 130 多万人。现辖成华区、武侯区、青羊区、锦江区、金牛区、龙泉驿区、青白江区、新都区、温江区、双流县、郫县、大邑县、金堂

县、蒲江县、新津县等9区6县，代管都江堰市、彭州市、崇州市、邛崃市4市。

地理

成都地处中国内陆的四川盆地，四面环山。成都地处四川省的中部，四川盆地的西部，龙门山脉、邛崃山脉与成都平原和川中丘陵的交接地带，从西到东，地形分为山地、平原、丘陵三个部分。

气候

成都属亚热带季风气候，具有春早、夏热、秋凉、冬暖的气候特点，年平均气温16℃，年降水量1 000毫米左右。多云雾是成都气候的显著特点，另一个显著特点是空气潮湿，因此，夏天虽然气温不高却显得闷热；冬天气温平均在5℃以上，但由于阴天多，空气潮，却显得很阴冷。

旅游

成都是国务院首批公布的 24 个历史文化名城之一，名胜古迹众多，拥有世界文化遗产 1 处，全国重点文物保护单位 17 处，省级文物保护单位 30 处，重要的人文景观 172 处。2007 年 2 月，成都被世界旅游组织、国家旅游局授予“中国最佳旅游城市”称号。

交通

航空　成都双流国际机场是中国第四大国际航空港，有航班通往国内 60 多个大、中城市，并开辟了曼谷、中国香港等国际和地区航线。省内航线有：成都—达州，成都—西昌。

铁路　成都是西南地区最大的铁路枢纽，以成都火车站为起点有成渝、宝成、成昆、达成等铁路干线，直接联系华北、华东、华中、华南、西北及西南地区；省内有旅游特快列车，以及开往西昌、绵阳、南充、达州等主要城市的普通列车。

公路　有 6 条国道在此交汇，在成都平原区形成了密集的公路交通网。成都各长途汽车站有

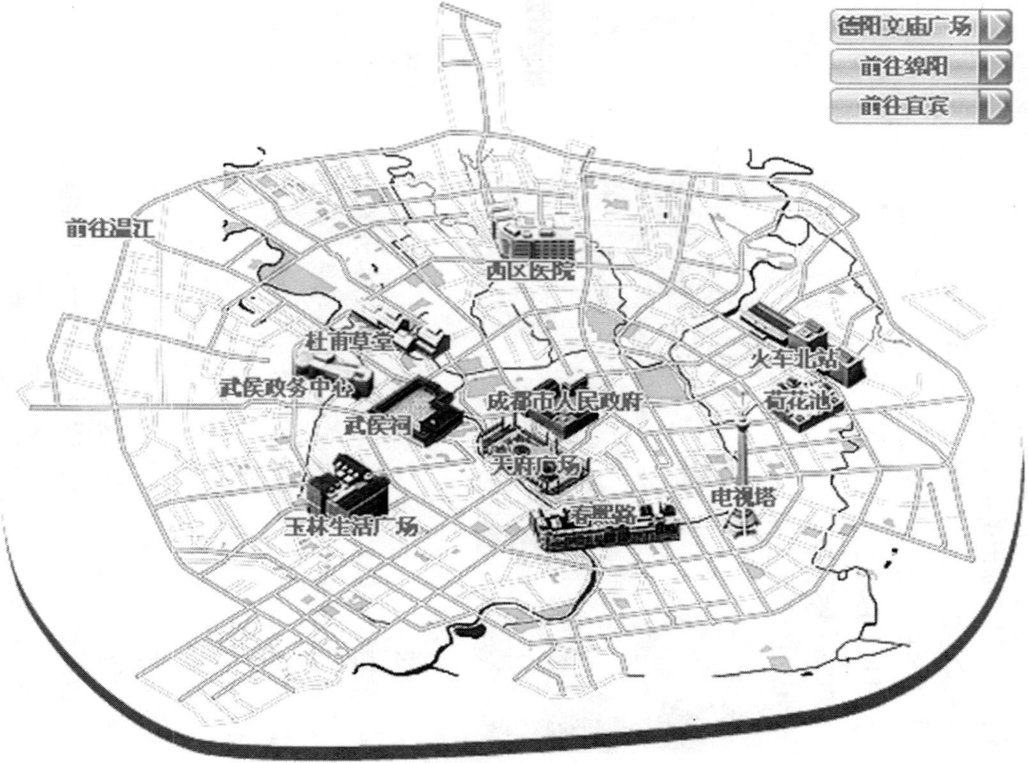

德阳文庙广场
前往绵阳
前往宜宾
前往温江
西区医院
杜甫草堂
火车北站
武侯政务中心
成都市人民政府
荷花池
武侯祠
天府广场
电视塔
玉林生活广场
春熙路

成都地图

往返汽车前往省内外各地区、各旅游区。横贯四川盆地中部的成渝高速公路使成都、重庆两大城市之间的距离缩短近1/3，行车时间缩短一半以上，一日之间即可顺利往返。

公交 公共汽车分双层、单层和高档车，双层、单层车票价1元/人，高档车2元/人，晚上10时后票价加1元。1.1米以下儿童免票。乘坐300路以下的公交车，可购买城市公交卡。

成都公交很贴心，有的车内有急救药箱，配备了晕车药、感冒药、创可贴、纱布等，堪称“星级服务”。

出租车 出租车的停靠点遍及全市，在市内二环路内，随时都可以打到出租车。富康、捷达和爱丽舍等起价5.0元，每公里1.4元；22：00以后起价6.0元，每公里1.7元。

打工资讯

打工经济

成都是我国西南地区重要的综合性大型工业基地，全市已经形成38个行业大类和184个行业小类的综合工业体系。电子信息、生物医药、机械（含汽车）、食品（含烟草）是成都的四大主导产业。

成都的开发区创建于20世纪80年代末、90年代初，经过10多年的发展，现已初具规模。全市主要开发区有：成都高新技术产业开发区、成都经济技术开发区；其他主要开发区还有：成都海峡两岸科技产业开发园、西南航空港经济开发区、成都市新都卫星城工业区、都江堰工业开发区、四川中美（外）中小企业发展园区等。

用工分析

四季度秘书文员最吃香　受金融危机影响，成都究竟有哪些行业受用人单位青睐？

2008 年四季度以来热招的十大职位排名显示，销售仍是企业需求最多的职位，并且企业对高端销售经理的需求大于对普通销售代表的需求。其中，经理助理、秘书和文员在 11 月份的需求最多，前台、接待、营业员、服务员等职位也处在最热门的行业之列，显示企业对基础岗位的人才需求仍然旺盛。

值得一提的是，热门行业排名中，快速消费品飙升最快，排名从第 12 位蹿到第 2 位。

最紧缺的 3 个行业　目前，成都市从业人员最紧缺的 3 个行业是：推销展销人员，缺口 1 321 人；机械冷加工人员，缺口 1 126 人；部门经理，缺口 932 人。保险业务员、其他餐饮服务员、机械热加工工、计算机工程技术人员、医疗技术人员、治安保安人员等行业工种也是需求大于供给。供给大于需求的行业排名依次是：营业员、收银人员、机动车驾驶员、秘书、打字员，其他社会服务人员、财会人员、保管人员、清洁工、饭店服务人员、餐厅服务员、厨工、其他教学人员。

求职途径

报纸媒体　《成都商报》、《华西都市报》、

《成都晚报》等到了周末都有招聘版面，是个很好的选择，同时还有一些小报纸，如《蓉城通》、《宇辉人力资源报》等，报纸上面都有招聘公司的电话和地址。

网络　成都人才市场 http：//www.rc114.com（推荐）；四川省人才市场 http：//www.scrc168.com。

常用服务机构热线（028）

机　　构	电　话
劳动监察	86647504
消费维权	12315
物价投诉	12358
城市管理	962000
环保热线	12369
质量投诉	12365
物价管理	12358
工会职工维权	12351
出租汽车问讯	86636630
旅游投诉	87706026
公交热线	85076868
火车问讯	83177591

打工城市——武汉

【城市印象】

三足鼎立的武汉

稍有地理知识的人都知道，武汉这个地名只是挂在人们嘴边，不信你买到武汉去的车票试试，估计你买不到。

的确，武汉是三个大镇组成，最出名的是汉口与武昌，尽管对武汉而言，汉阳的面积最大。在这三镇中，汉口最为繁华热闹，主要商业街都集中在这里；

武昌在某种程度上是行政区，不但是湖北省政府、省军区的盘踞地，也是大学集中的地区；汉阳虽然不如前二者繁华，景色却很不错。对于旅游者来说，武汉最该去的还是汉阳和武昌，因为绝大部分景点都在这两区，著名的“东湖”也在武昌。

武汉的小吃很有特点，既无江南一带的过甜，也无西北一带的过咸，可贵之处在“只此一家，别无分店”，在外省人们很难品尝到那些本土美味——著名的“豆皮”和“热干面”。尽管已被各地嫁接，可知名度并不很高，其他小吃比如“汤包”、“面窝”等，只能在武汉找到它的踪影。家常饭中最出名的算“排骨炖耦”和“粉蒸肉”，那独特的味道让人久久不能忘怀。

武汉人爱冲动，无拘束，说话大声武气，做事豪放洒脱，性格火辣，冲动起来天王老子都不在话下，这种性格使武汉历来都是一个容易“着火”的城市。外地人到武汉，总是对武汉人那种粗大的嗓门印象深刻，觉得武汉人不好打交道。

武汉是一个四季分明的城市。不过，最能体现武汉城市性格的，还要算夏天。武汉的夏天，热浪滚滚。对这种气候并不适应的外地人，几乎不敢出门。但是在武汉的水边上，聚集了各路游泳高手。等到夕阳西下之后，几乎所有的人都会走出家门，要么找地方歇凉、聊天，要么搬一支竹床放在外面，要么邀朋请友寻个小摊尽情夜宵。于是，白天是太阳的热，晚间是人潮的热。整个武汉的夏夜，都是人声鼎沸。武汉的夜市非常热闹繁华，商品也很便宜。众多的娱乐场所和闪耀的霓虹灯，让夜晚的武汉流光溢彩，繁华而充满了活力。

虽然武汉不是那么容易融入，但是这样的城市，我喜欢。

城市概况

武汉是湖北省省会，也是我国六大中心城市之一。市区由隔江鼎立的武昌、汉口、汉阳三镇组成，通称武汉三镇，面积 8 483 平方公里。现辖江岸、江汉、㟃口、汉阳、武昌、青山、洪山、蔡甸、江夏、黄陂、新洲、东西湖、汉南 13 个区。全市人口约 788 万，有流动人口 115 万人。

地理

武汉市位于江汉平原东部，长江中游与长江、汉水交汇处，自古有“九省通衢”之称，是水路、公路、铁路重要的交通枢纽。

气候

武汉市属亚热带湿润季风气候，雨量充沛，日照充足，四季分明，夏热冬寒。每年7月气温最高，日均温28.8℃；1月气温最低，日均温3.7℃。

旅游

著名景点有黄鹤楼公园、东湖磨山风景区。黄鹤楼与湖南岳阳楼、江西滕王阁并称为“江南三大名楼”。东湖位于湖北武昌东郊，是国家重点风景名胜区。

交通

铁路 京广线、襄渝线、焦柳线、汉丹线和武大线在此交汇，每天有通往全国各地的快车30列以上。市内火车站有汉口站和武昌站，在买好车票后一定要仔细看清楚票上注明的是从哪个车站上车的。

公路 武汉有7条高速路正在建设中和已通车，1小时可达周边8个城市。环城高速路外环路是国内最长的环城高速路。有武昌付家坡汽车站等6个汽车站，班车通往省内外。

公交车 武汉三镇（汉口、汉阳、武昌）由著名的武汉长江大桥、长江二桥、江汉桥等连接，市内由内环线环绕，乘坐公交车可以方便地到达城市的任何一个地方。普通公交车票价1.2元、空调车2元、电车1元。郊区线路和少数市区线路按路程计价。大部分公交车可以刷卡，8开头的公交车用专门的一卡通。营运时间为6：00~22：00。

出租车 没有起步价，1公里以内3元，2公里以内5元，3公里以内8元，超过3公里后每公里1.4元，超过7公里后每公里2.1元。

轻轨 全长约10公里，有宗关、太平洋、勼口路、崇仁路、利济北路、友谊路、江汉路、大智路、三阳路和黄浦路10个站点。运营时间：6：30~21：30，运行间隔6分钟。票价：起价1.5元/人，可乘6站地；6站以上2元/人，每次从入闸到出闸限时100分钟，超时须按2元/人补票。

渡轮 汉口与武昌之间有渡轮，票价1.5元/人，往返只要30分钟左右。

打工资讯

打工经济

武汉市是我国传统的重工业基地之一，支柱产业为钢铁产业、汽车制造产业、高新科技产业、石油化工产业。武汉市以东西湖为主体，依托江汉平原的农产品资源，集中小物流，重点发展食品加工和农副产品深加工。以句口为主体，连通江北民营工业园和东西湖，发展日用消费品加工等都市型工业。以武汉经济技术开发区为主体，拓展汉阳、蔡甸区，形成以汽车及零部件、显示器等消费类电子产品为主体的制造板块。以青山地区为主体发展钢铁制造、石油化工、环保等产业。以东湖开发区为主体，拓展洪山和江夏区，以光电子、医药为主体的高新技术产业制造板块。

用工分析

农民工回流，缺工行业爆满　原本武汉市的酒店宾馆服务、加工制造、商业贸易、社会服务及交通运输等 5 个行业缺工 4 万 ~6 万人，涉及 130 个工种（岗位）。但因金融危机，大批农民工返乡求职,武汉的人力市场出现火爆场面,服务业等以往用工缺口较大的行业多已爆满。部分企业因不再担心招不到人,开始酝酿对现有员工“换血”。

制造业用人猛涨　武汉 2008 年上半年生产制造业招聘职位数量猛涨，与同期相比增加了 37%。

随着武汉制造行业企业的扩大再生产，掌握数控技术、焊接工程、电气控制技术、机械制造及自动化、模具设计与制造、铸造技术、热处理技术、设备维修与管理等的技术型人才急需。企业对学历和技术经验的要求普遍提高，本科和大专学历的到操作技术岗位上已很普遍。

财会人才供需两旺 财会、审计、统计类职位的需求大幅上升，仅2008年五六月份，武汉对财会岗位的需求就分别上涨了23%。就业竞争性也十分激烈。不少企业招聘财会人才时，比较看重助理会计师、会计师、高级会计师、注册会计师等执业职称证。另外，初级出纳等职位数量并不多，主管会计、财务总监助理、会计师、审计专员等中高级财务类职位较多，具备一定工作经验的财务人才最受欢迎，财务管理和审计成为比较热门的方向。

房地产人才需求逆市上扬 与房地产价格持续走低的态势相比，武汉房产建筑行业的人才需求量却一路见涨。目前，房地产建筑行业企业侧重于专业技术人员和中高层管理岗位的招聘，监理工程师、土建工程师、电气工程师、造价工程师、结构工程师、暖通工程师、建筑设计师、项目经理、执行总经理、预算员占据热点招聘前10位。

旅游、酒店人才持续走热 2008年上半年该行业有效职位需求数比2007年同期增加了近四成。据统计，高端市场策划人才、旅游协调人才、销售人才及中高层次管理人才是旅游行业的需求主力。

用工难已经成为了武汉餐饮业的普遍现象，而且普通员工的用人难问题甚至超过了高管人员。

来自武汉市餐饮协会的消息称，武汉餐饮酒店的用工需求约为四五十万人，但缺口常年保持在近10万人。

求职途径

报纸媒体 《武汉晨报》、《武汉晚报》、《楚天金报》等报纸都会刊登大量的招聘会信息，你只需要每天留意一下这些报纸就可以了。

《楚天都市报》有招聘专版，武汉市版每周四出版，全省版每周五出版。

人才招聘会 武汉大型招聘会多，而且一般不收入场费。

洪山体育馆 这里是武汉招聘会的主要会场之一，可以容纳几千人。每月都会举行几次大型的招聘会，招聘会的类型和具体安排都会提前刊登和发布在《武汉晨报》、《武汉晚报》、《楚天金报》等报纸，以及湖北人才热线等网站上。

湖北省人才市场交流大厅 每天发布各类企业的最新岗位需求，并不定期地举办各种类型的招聘会。

湖北省图书城 经常承办大型专场招聘会。

中国武汉人才市场 每周三、周六都会举行招聘会。

武汉科技会展中心 每年都承办大型的专场招聘会。

网络 湖北人才热线（http：//www.hbjob.net）是求职者获得信息的重要途径之一，上面发布各大企业的人才岗位需求，你也可以在此发布个人求职信息。

劳动就业服务热线（072）

机　　构	电　话
市职业介绍服务中心	85796444 85802668
江岸区职业介绍服务中心	82719138
江汉区职业介绍服务中心	85768354
汉阳区职业介绍服务中心	84843139
武昌区职业介绍服务中心	88873323
洪山区职业介绍服务中心	87395752
青山区职业介绍服务中心	86862189
蔡甸区职业介绍服务中心	84942789
汉南区职业介绍服务中心	84851340
东西湖区职业介绍服务中心	83891432
新洲区职业介绍服务中心	86921859
江夏区职业介绍服务中心	87952017
黄陂区职业介绍服务中心	85931630

常用服务机构热线（072）

机　　构	电　话
劳动监察	85755113
市长热线	12345
公交问讯	83781973
长途汽车问讯	85870482
火车问讯	51137022
出租车管理	82600593
旅游投诉	22474881
妇女服务热线	82817242

打工城市——郑州

【城市印象】

厚重大气属郑州

作为一个中国人，郑州是必须去的，教科书中夏商周的传说让人向往之。在中国，没有一个地方的历史文化传承有如此之厚重。

郑州很大气！城市框架拉得很大，城市的道路建得开阔。

当然，大气未必现代，与江苏的南京相比，郑州的“高楼”只能以寥寥可数形容。而且郑州的主干道中原大道两旁的楼房以“兵营式”为主。

虽然，人行道的地砖很普通，但郑州却非常干净，这是让人印象非常深刻的。郑州号称“绿城”，她的绿化达到相当规模，春天足以抵挡每年北来的风沙。郑州很美！郑州的美不同于南方城市的雍容与华贵，郑州的美在于端庄与内秀，疏朗与开阔……

“二七”纪念塔是郑州的市中心，类似于每个城市的中心广场，多条道路在此地交汇，但布局规划合理，将每个街口环形连接起来的过街天桥非常具有现代气息，是让客人留影的好地方。准点的时刻“二七”纪念塔电子乐声《东方红》旋律，一段历史的回忆。

从郑州商城遗址到嵩阳书院，从龙门石窟到嵩山少林寺，中原文明的深厚，领悟华夏先贤的睿智让人感慨多多。踏进颇有古风、造型独特的河南省博物院，你仿佛在经受一次文化洗礼。河南历史文化的广远和深厚，记载着中华民族伟大而久远的历史。中原文化，是博大精深的中国文化坚实的基石。

按照时下“一百年看上海，一千年看北京，三千年看西安，五千年看郑州，七千年看浙江”的流行说法，作为河南省省会、中原大地的铁路交通枢纽的郑州市，中国工人运动之最著名的“二七”大罢工的发生地，郑州理所当然应该是中国经济、交通和文化的重镇，理所当然应以综合展示丰厚的中原大地历史文化遗产和当代河南经济文化建设的成果而折服天下。

郑州这城市，三言两语说不清——

有人说：郑州是一个火车拉来的交通城市。

有人说：郑州是一个“吃百家饭、穿百家衣”长大的移民城市。

有人说：郑州是一个有烩面情结的平民城市。

有人说：郑州是一个商场扎堆、商战激烈的商业城市。

有人说：郑州是一个不南不北、不大不小、不贫不富、不土不洋的中庸城市。

有人说：郑州是一个承东启西、连贯南北的“支点”城市。

有人说：郑州是一个“块头”越来越大、“个头”越来越高、“派头”越来越足的动感城市。

郑州就是郑州！

城市概况

郑州是一个古老的城市，早在3500年前，就是商王朝的都邑，是河南省政治、经济、文化中心，北临黄河，西依嵩山，东南为广阔的黄淮平原。辖12个县（市）、区，其中县1个、县级市5个、区6个。据2003年的统计资料，全市总面积7 446.2平方公里，2003年末全市总人口697.7万人，中心城区人口322万。

地理

郑州地处中华腹地，九州之中，十省通衢。北临黄河，西依嵩山，东、南接黄淮平原。

气候

郑州属暖温带大陆性气候，四季分明，年平均气温14.4℃。7月最热，平均气温27.3℃；1月最冷，平均气温0.2℃；年平均降水量640.9毫米，无霜期220天，全年日照时数约2 400小时。

旅游

悠久的历史给郑州留下了丰富的文化积淀，

全市有各类文物古迹1 400多处，其中国家级文物保护单位26处。嵩山风景名胜区是全国44个重点风景名胜区之一和全国文明风景旅游区示范点，“天下第一名刹”少林寺就坐落在嵩山脚下，威震海内外的少林功夫从这里走向世界。这里还有我国最早的天文建筑周公测景台和元代观星台、中国宋代四大书院之一嵩阳书院、我国现存最大的道教建筑群中岳庙等。

交通

航空　郑州新郑国际机场是全国五大航空门站之一，一类航空口岸，与国内外30多个城市通航，被命名为全国文明机场。

铁路　郑州交通、通讯发达，处于我国交通大十字架的中心位置。郑州素有中国铁路“心脏”之称，京广、陇海两大干线在此交汇，周围还有京九、焦柳、月石、平阜线通过，形成三纵三横干线框架。郑州北站是亚洲最大的铁路编组站，郑州东站是全国最大的零担货运站，郑州车站是全国三大客运站之一，可直达 25 个省、自治区、直辖市。

公路 国道 107、310 在郑州交汇形成全国公路主枢纽之一，京珠、连霍高速公路穿境而过。

公交车 郑州的公交线路覆盖面很广，市区主要道路均有乘车站点。公交车以大巴为主，其中“T”为快车线路、“D”为电车线路、“Z”为中巴线路、“J”为市郊线路、“H”为环线线路、“Y”为夜间线路、“K”为空调线路。市内公交车全部无人售票，普通车票价 1 元 / 人，空调车为 2 元 / 人。

出租车 起步价 7 元，3 公里后夏利、富康每公里 1 元，10 公里后增至 1.5 元；捷达、桑塔纳 1.2 元，10 公里后 1.8 元。

打工资讯

打工经济

郑州市在纺织、机械、建材、耐火材料、能

源和原辅材料产业上具有明显优势。有色金属、食品、煤炭、卷烟等为主导产业。郑州是全国纺织工业基地之一，是全国重要的冶金建材工业基地，氧化铝产量占全国一半左右；机械工业拥有亚洲最大的磨料磨具企业——白鸽集团。郑州宇通客车股份有限公司是亚洲规模最大、工艺技术最先进的客车生产企业。

郑州已形成了服装、食品、铝加工、耐火材料等品牌园区、特色园区，全市重点工业园区33个。

用工分析

广告、服务人才备受欢迎 2008入冬后的郑州人才市场寒意渐浓：房地产、金融证券、汽车等主流行业招聘计划纷纷放缓甚至“冻结”，不过，广告、服务等行业招聘则相对旺盛，用工需求并未减少，尤其是商业和餐饮行业，对营业员等基础人才的需求有增无减。

促销员、导购员成“香饽饽” 2008年年底,为赚足年末最后一桶金,不少商家推出一波接一波的促销活动。促销活动频繁,使得人才市场上的专兼职促销、导购人员受到青睐,尤其是有经验的促销员、导购员,更是成了商家争夺的“香饽饽”。

由于促销、导购人员工作的季节性、流动性强，加上收入的保障性低，很多求职者不愿意问津。另外，商家只看重有经验的促销员和导购员，不愿花钱培训新的促销员和导购员。

求职途径

报纸媒体　《郑州晚报》、《大河报》、《东方今报》等当地主要报刊，都会刊登招聘和人才交流会等信息。其中《大河报》每天刊登，《郑州晚报》则设有《职场指南》专刊，定期发行。

《郑州都市信息广告》是外来求职人员的得力助手。主要刊登：房屋出租出售、企业招聘、个人求职、招生培训、求购转让、交友征婚等信息。其中除了招聘信息外，其他均为免费刊登。

人才招聘会和人才市场

河南省人才交流中心　该市场每周三、五、六举办日常招聘会，求职者可以免费入场。热线电话：0371-65956900/65956160，地址：郑州市经二路 11 号（经二路与红旗路交叉口）。乘 57 路、2 路、64 路公交车可到。

郑州人才交流中心　每周固定人才招聘会分两个地点举行，每周三、六在郑州人才大厦举行，每周二、五在郑州体育馆召开。郑州人才大厦地址：陇海西路 169 号路北，乘 9 路、83 路、102 路、59 路、103 路公交车可到。郑州市体育馆地址：人民路 1 号，乘 9 路、101 路、103 路、26 路公交车可到。联系电话：0371-68556001/66234870。网址：http：//yourjob.shangdu.com/client/index.php。

郑州人力资源中心市场　每周二、日举办招聘洽谈会，地址：大学中路 95 号，电话：0371-68971194。

人力资源市场　每周三、六召开招聘洽谈会，地址：郑州市陇海西路 387 号，电话：0371-67188575。

博思人才市场 该市场固定于每周三、四、六、日召开人才交流会，并且天天开放，每天为求职者办理推荐工作服务。地址：郑州市经五路与红专路交叉口（中新机械设备大厦二楼）博思人才市场。乘209路红专路下车即到；29路、21路、9路、61路到红专路口下车往西300米。网址：http://www.bossnet.cn/。

郑州天天人才市场 该市场天天开放，对于求职者，该市场有就业跟踪服务、入库交流、参加现场招聘会、刊登求职广告等数项服务。其中，每周二为专场招聘会，周四为综合招聘会。地址：郑州市黄河路32号（黄河路与文化路西北角三楼）。电话：0371-63826666/63927881。网址：http://www.ttjob.cn/default.asp/。

网站 河南每日人才网 http://henan.rc365.com/；郑州人才网 http://www.zhengzhoujob.com；大河人才网 http://www.daherc.com/；天基人才网 http://www.tjinfo.com/；易才网 http://zz.ehrcn.com.cn/。

常用服务机构热线（0371）

机　构	电　话
劳动监察投诉	12333/65907592/67439828
市长热线	12345
就业咨询	91800
公交投诉	63930011
火车问讯	68353222

图书在版编目（CIP）数据

打工城市：华北、中部地区版／卢小飞主编．—北京：中国农业出版社，2009.1

（打工女性系列丛书；10）

ISBN 978-7-109-12704-3

Ⅰ．打…　Ⅱ．卢…　Ⅲ．农民—劳动就业—基本知识—中国　Ⅳ．D669.2

中国版本图书馆 CIP 数据核字（2009）第 002081 号

中国农业出版社出版

（北京市朝阳区农展馆北路 2 号）

（邮政编码 100125）

责任编辑　段丽君　李欣芳

中国农业出版社印刷厂印刷　　新华书店北京发行所发行

2009 年 1 月第 1 版　　2011 年 3 月北京第 7 次印刷

开本：850mm×1168mm　1/32　　印张：3.875

字数：50 千字　　印数：48 401～51 400 册

定价：10.00 元